全国教育科学"十三五"规划2019年度教育部重点课题
"基于语料库的聋生汉语语法偏误分析及教学研究"
课题批准号：DHA190384

基于语料库的
聋生汉语
特殊句式偏误分析

王玉玲 陈甜天 陈凌云 / 著
张宝林 / 学术顾问

华夏出版社
HUAXIA PUBLISHING HOUSE

张　序

一、学术渊源

近三十年来，国际中文教育（曾称对外汉语教学、汉语国际教育）领域的中介语语料库建设和基于语料库的汉语习得研究取得了长足的进步，已经成为该领域具有重要影响的学术流派。基于语料库的汉语教学与习得研究不断涌现。例如，"HSK 动态作文语料库"自 2006 年 12 月建成开放以来，注册用户达 99758 人，访问量达 1008530 人次[①]；基于该库研究发表的各类论文达 7912 篇[②]。

语料库建设和基于语料库的汉语习得研究不但在国内面向外国学习者的汉语教学领域产生了重大影响，也推动了国外的汉语中介语语料库建设、国内少数民族学习者的汉语中介语语料库建设、国内汉族学习者的少数民族语言中介语语料库建设，以及特教领域的聋生汉语书面语语料库建设。基于上述各类语料库的教学与习得研究也随之产生与发展起来，并取得了重要的科研成果。北京市西城教育学院王玉玲老师和北京启喑实验学校陈甜天老师、陈凌云老师等的大作《基于语料库的聋生汉语特殊句式偏误分析》（以下简称《聋生汉语句式偏误分析》）就是其中之一。

二、该书特点

1. 专注聋生汉语特殊句式的习得研究

《聋生汉语句式偏误分析》一书参考教育部、国家语委于 2021 年 3 月 24 日发布的《国际中文教育中文水平等级标准》的句式系统，根据自建语料库中聋生汉语

---

① 该库网址：hsk.blcu.edu.cn。数据查询日期：2024-05-26。
② 数据来自中国知网（CNKI）。检索日期：2024-05-26；检索方式：句子检索；检索式：HSK+动态作文语料库；检索范围：总库中文。

句式的使用情况，选择使用率和偏误率最高的六种特殊句式——"把"字句、"有"字句、"是"字句、连动句、兼语句、"是……的"句，从偏误类型与分布、偏误原因、教学建议等方面进行研究，这样的研究设计是恰当的。因为句子是语言的实际使用单位，特殊句式是语法教学的重点，也是聋生语法学习的难点之一。而从聋生汉语书面语习得研究的实际情况来看，这样的研究尚属少见，特殊句式习得的研究更是屈指可数。查中国知网，聋生的偏误分析论文只有32篇；其中专题研究特殊句式习得的研究只有2篇关于"有"字句的论文和1篇讨论"是"字句的论文。① 由此看来，学界对聋生特殊句式的研究极度缺乏，对聋生特殊句式的习得情况很不了解。那么，对聋生的特殊句式教学也就谈不上针对性，甚至难免盲人摸象。这也充分显示出该书研究的重要性和必要性。

2. 聚焦中介语理论指导下的偏误分析

鲁健骥指出："偏误分析把外语学习者发生的偏误作为研究的对象；它所关注的是学生所使用的目的语形式（实际是中介语）与目的语的规范形式之间的差距，以及造成这些差距的原因。中介语理论则把学生用的目的语形式当做一个整体，当做一个动态系统加以研究，从而发现外语学习的规律，揭示成年人学习外语的过程。这样看来，偏误分析只是中介语理论的一个组成部分。"② 由此看来，中介语理论体现的是一种语言观，偏误分析则是一种方法论。该书采用偏误分析的方法，进行如下内容的研究：偏误类型、偏误分布（不同年级、不同语言类型聋生的偏误情况）、偏误原因、教学建议。从发现问题、分析问题、解决问题的研究思路看，如此安排是符合逻辑的；从方法论的角度看，也是符合偏误分析的基本步骤的。

诚然，偏误分析和中介语理论产生于二十世纪六七十年代，可谓久远；相比于后来生成语法理论、功能语言学理论、社会互动理论、动态系统理论的语言习得观，基于语料库的汉语习得研究，以及表现分析、话语分析等研究方法，似乎陈旧。但在国内面向外国人的汉语习得研究实践中，中介语理论指导下的偏误分析至今仍为主流，在特教领域的聋生汉语书面语教学研究上则是刚刚起步，在今

---

① 数据来自中国知网（CNKI）。检索日期：2024-05-26；检索方式：句子检索；检索式：聋生 + 偏误分析；检索范围：总库中文。
② 鲁健骥. 中介语研究中的几个问题[J]. 语言文字应用，1993（1）：21-25.

后的研究中必将发挥积极的作用，取得相应的成果。《聋生汉语句式偏误分析》正是在义务教育阶段的聋生汉语书面语习得研究中的初步尝试与最新成果。

3. 研究对象为义务教育阶段的聋生

与面向外国人的汉语教学不同，该书的研究对象是义务教育阶段的聋生。对外汉语教学在中介语理论和偏误分析的影响和推动下，习得研究在取得显著进步和巨大成果的同时，"四大偏误类型""五大偏误原因"在实际研究中已趋固化，亟待新的研究理论和方法的突破。而聋生汉语书面语习得研究并未生搬硬套"四大偏误类型""五大偏误原因"，而是从聋生的实际情况和特点出发，另辟蹊径，结合手语的表达方式来探讨偏误成因，这是非常值得肯定与提倡的。

《聋生汉语句式偏误分析》一书作者认为："由于医疗水平和语言康复的发展，听力障碍与汉语口语能力之间的关联已经不是很密切。因此本研究不是根据听力残障程度、语前聋还是语后聋进行分类，而是根据其在语料产出时的语言类型，也就是汉语和手语实际使用情况进行分类。"分类类型为手口均优、手语优势、口语优势、手口一般、手口均差等五种，这是很有见地的做法，也是该书的重要特点与优点之一。

4. 由一线特教教师进行研究

义务教育阶段的教师除教学工作之外，还有班主任工作，面对几十个孩子的教学、教育、管理、指导，工作负担十分沉重。工作之外，还有自己的家庭，特别是他们自己的孩子也需要照顾和教育。一般来说，很难再顾及科研。据我所了解，该书作者们则是教学科研两手抓，在科研方面认真、勤奋、务实、敬业，以她们辛勤的付出和努力，取得了丰硕的成果。

2016年9月2日，我第一次应邀在北京启喑实验学校做讲座，讲了"回避与泛化——基于'HSK动态作文语料库'的'把'字句习得考察""全球汉语中介语语料库标注规范"两个内容，并和老师们做了"聋生汉语语法标注标准"的讨论。全程3个多小时，老师们精神集中，认真听讲，讨论问题，发表意见，给我留下了深刻的印象。

后来老师们建设聋生汉语书面语语料库，多次和我讨论标注方案和标注中遇到的具体问题。在申报课题、项目开题、项目结项，写论文、修改论文，写这本书时，老师们都曾和我讨论具体问题。

该书各位作者身兼教学、科研工作，做课题、写论文、出专著，参加学术会议固然辛苦，但意气风发，干劲十足。

王玉玲老师是多个项目的负责人，自己还要读博，充满热情，全身心地投入工作和研究。

陈甜天老师修改文稿时间紧、任务重，寒假中虽两次高烧但仍坚持写作，感人至深。

陈凌云老师为了写书改稿，曾一天连续工作16小时，其中艰辛可想而知。

我也曾在中学做过多年教师，像这样充满拼劲投身科研的中青年教师，实在不曾多见。

因为曾在社会机构的语言康复师培训班讲过语言知识课，我对特教行业有所了解，认为特教工作非常高尚，因而对特教领域的教师心怀敬仰。我和聋校老师们共事，老师们的敬业精神、拼搏精神更是使我感动、感慨。

老师们的大作即将由华夏出版社出版，王玉玲老师嘱我作序。我为老师们取得的研究成果深感欣慰，数年来对聋校老师们研究工作的接触与了解也使我很想谈谈自己的所见、所思、所感。因而欣然从命，写了上面的话。

是为序。

张宝林

2024年5月27日于补拙轩

王　序

当此书准备出版，作者邀我写序时，我欣然应允。为何？只为感动有三。

感动一：初心不改。

这本书的三位作者都曾是聋校的一线教师，我与其中的两位作者也曾一起共事，至今相识已有二十载。眼看着她们从风华正茂的青年成长为学校的中流砥柱。在这个喧嚣的世界里，时间悄无声息地流逝，仿佛一条缓缓流淌的小溪，不着痕迹地雕刻着我们的容颜和心灵。在沿途收获故事、留下足迹的同时，也改变着最初的理想和信念。二十年，人生能有几个二十年？然而她们却信守着最初的誓言，竭尽所能，成为"特教花园"里的辛勤园丁。可喜的是时光的磨砺并没有让她们倦怠，她们在更加睿智的同时依旧充满了激情。今天呈现在大家眼前的这本书就是她们的经验和智慧的结晶，就是执着与热爱的见证。我仿佛看到了眼前这一行行、一句句的背后是她们在教学工作之余废寝忘食、疲惫的身影，除去上班，她们几乎搭上了所有他人用于娱乐、锻炼的时间。我仿佛看到了她们收录、抄写、转录、标注、对比、归类、分析时的不懈与激情……就是靠着这样的日积月累，她们生生地把几十万字的素材建成了目前国内仅有的义务教育阶段聋人汉语中介语语料库，并试图把有限的课堂延伸至无限的空间。

感动二：后生可畏！

每每看到学生们的文章，每每听到旁人对学生们的抱怨，就像利刃刺心，这也成为大家心里一个难以解开的结、无法释怀的痛。作为聋教育工作者，我们又何尝不希望我们的学生不仅手语棒棒的，也同样能将汉语运用得如行云流水、笔下生花一般。今天的她们做了特教前辈们想做、已做、未做完的事，在以往研究的基础上发挥着她们的优势，在语言学的理论指导下，以更宽的视野，运用更先进的技术，教与研结合，研为教服务。她们不仅归纳了聋生在汉语学习中的六种特殊句式的偏误类型，对其分布和产生的原因也做了分析，提出了一些相应的教学建议。我认为更重要的是，循着文章的撰写思路我们得到一个启示：针对聋生的语文教学不是要上成语法课，而是需要教师很好地掌握相关的语法知识，把握其精髓，这样才能有针对性地设计出有效的教学策略。

感动三：未来可期！

我们今天在这里看到的是三位署名的作者，可我们知道在这背后参与研究的人员其实又何止是十几位、几十位，这是一代又一代的聋校工作者薪火相传的过程。我们知道这种研究是枯燥乏味的，涉及的又是极其小众的话题，这注定是一个眼前没有鲜花和掌声的奉献，但是就有这样一批有情怀的特教人，他们心中装着学生，他们不舍不弃，甘愿倾心付出，笔耕不辍。虽然这本书中的有些观点还值得进一步探讨和商榷，特别是涉及手语与汉语的关系以及相互转换的问题也需要更深入的探讨，但是这并不影响此书的问世。此书的出版不仅有利于研究者在此基础上做进一步的梳理和提升，而且也为同行们提供了一个深入探究的一线素材。我相信只要奉行"实践 + 理论"以及"坚持不懈 + 科学方法"，秉承着对知识的尊崇和对智慧的追求，我们的工作最终一定会取得丰硕的成果，使聋孩子们更加茁壮地成长，更加自信地走向未来。

王晨华

2024 年 5 月 1 日

自　序

二十年前我满怀激情地选择了特殊教育，并立志将其作为毕生的挚爱。然而聋生汉语言学习困难重重，全面发展和就业状况不尽人意的现实让我清醒了许多：作为特殊教育工作者不仅应当掌握普通教育学的知识，还需要掌握特殊教育的理论和专业知识；不仅要做好本学科的教学工作，同时还需要科研的引领。

如今我们在特殊教育领域进行的基于语料库的聋生语言习得的研究，以及与特殊教育教师们一同开展的对学习障碍、注意缺陷多动障碍、超常等普通班级"盲区"的探索，不仅涉猎特殊教育的研究，而且走进了普通教育，对普通教育的全面发展贡献了特教人的一份力量。

当然，这些研究首先对特殊教育起到指导的作用，对特殊教育工作者的成长起到推动的作用，这里寄托着学生和教师成长的希望。我至今清晰记得当年王晨华校长改变我命运的一段话。她说，我们不能只看到学生，还要借助科研的力量，促进教师们的发展，只有教师和学生共同成长了，我们的特殊教育才有希望。

足足二十年，我还有我的一些伙伴们几乎把所有的业余时间都投入在工作、研究和与老师们共同成长中。我们先后申请了两个北京市教育科学规划课题"聋生汉语言学习困难研究""针对高中听力障碍学生的汉语语法教学策略研究"，教育部重点课题"基于语料库的聋生汉语语法偏误分析和教学研究"。聚焦聋生汉语言学习问题，借助研究促进教师成长。我们出版了《聋生汉语言学习问题和各学科汉语言能力培养》一书，并获得迄今为止我们区基础教育唯一一个北京市哲学社会科学奖。

今天展现在您面前的这本书是运用第二语言习得研究的理论和方法，基于自建的义务教育阶段聋生汉语语料库，在多领域专家倾心的指导下完成。力求在前辈研究的基础上，在各领域专家巨人的托举下，做好如下工作：

在偏误类型上，力求偏误标准统一、科学严谨，对偏误类型进行穷尽式地深描，为本书和将来进一步研究，提供详实的基于语料库的一手研究资料。

在偏误原因分析上，不是笼统地归因于手语的影响，而是从共性和个性两方面进行分析，尽量具体、深入。

本书作为语言习得研究的著作，教学建议并非重点，但我们也力求让教学建议不空泛，使其一头连着研究，一头连着实践，为将来进一步的教学研究实践提供思路。

为能深入研究聋生语言习得的特点，我们还从不同学段、不同语言类型纵横两方面进行分析。为能深入研究聋生在每种句式上的特殊困难，我们还对特殊句式的下位类型也进行了研究分析。虽然囿于主题和时间，下位句型的结果并没有呈现在本书中，但对我们的深入分析起到了关键性的作用。

特别要感谢我可敬、可爱的伙伴们。只要是为学生好、对教学有帮助，他们多苦、多累都毫无怨言，特别是本书的另外两名作者——陈甜天、陈凌云，以及协助者——杨春燕、李若南、杨飞燕、卢雪飞、吴洪英。

本书分工如下：

第一章绪论，王玉玲撰写，吴洪英协助统计数据。

第二章聋生"把"字句偏误分析，王玉玲撰写，杨春燕、李若南协助语料分析和数据统计。

第三章聋生"有"字句偏误分析，陈凌云撰写，杨春燕、杨飞燕协助语料分析和数据统计。

第四章聋生"是"字句偏误分析，王玉玲撰写该用未用和不该用而用结果部分，卢雪飞提供讨论和建议部分的研究思路，其余主要撰写工作由陈凌云完成；陈凌云、王玉玲、杨春燕分析语料、统计数据。

第五章聋生兼语句偏误分析，陈甜天撰写，李若南协助分析部分语料。

第六章聋生连动句偏误分析，陈甜天撰写。

第七章聋生"是……的"句（二）偏误分析，陈甜天撰写。

全书由王玉玲审稿。

本书研究是在语料库建设的基础上进行的。语料库建设是一项高难度、高强度的工作，凝聚了很多专家和老师的心血。语料库软件系统的开发者为北京市第三十五中学王舰，协助者为李娟。艰巨的语料标注工作由王玉玲和北京启喑实验学校的骨干教师陈甜天、卢雪飞、陈凌云、杨春燕、仇长菊、李晨共同完成。在语料库搜集、录入、分析等工作中提供支持的有：卢雪飞、陈凌云、李晨、吴洪英、杨春燕、仇长菊、尹引、胡素梅、李智玲、王蓓、胡江琳、陈怡、杨飞燕、时伟、沈晓东、薛晓侠等。参与了聋生语言习得区教研学习和教材特殊句式梳理的老师有：卢宁、陈甜天、卢雪飞、陈凌云、杨春燕、仇长菊、李晨、吴洪英、尹引、李智玲、陈怡、杨飞燕、时伟、丛丹等。

  本书能够呈现，背后是多位各领域专家的托举。

  北京语言大学王丽娟老师热心地引荐了我们研究路上最重要的一位专家——北京语言大学张宝林教授。在时间很紧张的情况下，他给我们做系列的专题培训，无私地分享语料库建设的经验，随时提供咨询，几乎是有求必应。本书研究的语料库以及本书的框架、写作思路，乃至其中一些章节的撰写和修改都有幸得到了张教授专业细致的指导。每一次我们遇到困惑，张教授都不厌其烦地解答；每一次我们焦虑受挫，张教授都鼓励我们看到研究的价值，着眼于成长，再接再厉。

  原北京第四聋人学校王晨华校长是我们科研的领路人，是点燃我们研究热情的精神导师，她欣然为本书作序，阅读其中一些章节并提出细致的修改意见，还特意抽出时间与作者沟通本书的特点与不足。原北京师范大学顾定倩教授在工作非常繁忙的情况下，几乎第一时间通读全文，非常严谨地提出研究中的问题。仅本书的绪论部分就提出三次修改意见，让我们时刻保持清醒：完成这样一个主题的研究，需要多种学科为基础，切不可囿于视野所限，满足现有的发现，武断下结论。王校长、顾教授等特教人前辈做研究的态度，对后辈的培养，给了我们强大的动力支持。

  需要感谢的人还有很多。原北京联合大学吕会华教授在基于语料库的聋生语言习得研究上做了富有成效的工作，热心地给我们提供帮助。中国人民大学崔亚冲博士为我们研发并主讲系列课程，为本书提供外文研究资料。北京语言大学张黎教授、姜丽萍教授、王鸿滨教授，中央民族大学田艳副教授在非常繁忙的情况下，亲自为我们主讲课程、提供咨询和学习机会，关心我们的研究进展。给本书研究提供过无私帮助的还有：北京市西城区教育研修学院信息技术学科教研员熊雪亭、天津师范大学何佳博士、北京师范大学冯丽萍教授、北京语言大学孙德金教授（已故）、原北京市第二聋人学校叶立言校长、北京师范大学郑璇教授、原北京启喑实验学校教师孙联群（聋人）。

曾经我们以为，有之前高中聋生语言习得研究的经验，再做一个义务教育阶段的研究，是一项比较容易完成的工作；曾经我们以为，语料库都建起来了，文章撰写很快就能完成。然而，我们一头扎进去，越深入越发现自己所知甚少，越发现可以探究的东西还有很多。曾经，语料标注半天时间标不出来200个字；一篇文章得到专家反馈意见后，半年都无力动笔修改，因此本书的每一篇文章都几乎用了半年的时间专心写作。每一篇文章都是大工程，标注过程中对前期标注的语料重新整理，逐词、逐句讨论、归类、咨询专家，一遍遍琢磨偏误类型；分析过程中细读聋教育研究、对外汉语研究的相关文献，访谈聋人教师、学生，一点点证实我们的思考。其间，是教育教学之余逐步深入开展研究的艰辛，更是我们团队执着的信念——让研究为我们的教学铺路。有的老师大年三十还在废寝忘食地写作；每次刚刚为一个难点的突破而兴奋，很快就发现还有可以进一步探索的空间。本书修改了三次，到现在依然感到：如果再给我们多一些时间，我们能够做得更好。

顾定倩教授的一段话可以说是对本书非常好的总结：老师们的确在踏踏实实地做研究，积累了大量的数据，非常不容易；但这样的一个研究需要多学科背景，作为一线教师，是一边补课一边做研究。我们深知即使我们付出全部，能做到的也十分有限，聋生语言习得研究，是一个薪火相传的过程。正视其中的艰辛，依然认定做这件事并且享受其中，这是一种独特的幸福。在研究的过程中我们不断地为专业能力的提升而欣喜，深深地被科研的独特魅力所吸引。

本书研究需要大量的智力支持、精力投入，还需要物力、人力、财力的支撑。特别感谢我的单位北京市西城区教育学院和部门融合教育中心的巨大支持。感谢北京市西城区信息管理中心为我们的语料库提供托管服务。感谢华夏出版社有限公司刘娲、许婷和王一博编辑，她们负责的态度让我们非常安心。感谢北京市西城教育科学研究院林春腾副院长、侯冬玲老师作为我们区科研管理指导人，时刻给予专业的指导和温情的支持。感谢西城区和西城区教委提供的"北京市西城区优秀人才培养资助"，使本书得已顺利出版。

王玉玲

2024年5月13日

目 录

第一章 绪论···1
第 1 节 研究缘起···1
第 2 节 聋生汉语学习的特殊性···2
第 3 节 聋生汉语语法偏误研究概况··7
第 4 节 本研究整体情况··15
第 5 节 语料库建设情况··19

第二章 聋生"把"字句偏误分析···23
第 1 节 引言···23
第 2 节 聋生"把"字句的偏误类型···25
第 3 节 聋生"把"字句的偏误分布···37
第 4 节 聋生"把"字句的偏误原因···41
第 5 节 教学建议··50

第三章 聋生"有"字句偏误分析···54
第 1 节 引言···54
第 2 节 聋生"有"字句的偏误类型···57
第 3 节 聋生"有"字句的偏误分布···67
第 4 节 聋生"有"字句的偏误原因···70
第 5 节 教学建议··76

第四章　聋生"是"字句偏误分析 ·· 79
第1节　引言 ·· 79
第2节　聋生"是"字句的偏误类型 ·· 81
第3节　聋生"是"字句的偏误分布 ·· 96
第4节　聋生"是"字句的偏误原因 ·· 99
第5节　教学建议 ·· 102

第五章　聋生兼语句偏误分析 ·· 104
第1节　引言 ·· 104
第2节　聋生兼语句的偏误类型 ·· 107
第3节　聋生兼语句的偏误分布 ·· 119
第4节　聋生兼语句的偏误原因 ·· 123
第5节　教学建议 ·· 127

第六章　聋生连动句偏误分析 ·· 129
第1节　引言 ·· 129
第2节　聋生连动句的偏误类型 ·· 131
第3节　聋生连动句的偏误分布 ·· 144
第4节　聋生连动句的偏误原因 ·· 149
第5节　教学建议 ·· 156

第七章　聋生"是……的"句（二）偏误分析 ·· 160
第1节　引言 ·· 160
第2节　聋生"是……的"句（二）的偏误类型 ·· 162
第3节　聋生"是……的"句（二）的偏误分布 ·· 168
第4节　聋生"是……的"句（二）的偏误原因 ·· 171
第5节　教学建议 ·· 174

第一章　绪论

第1节　研究缘起

汉语书面语是聋生与健听人交流、融入主流社会的重要媒介。可以说,汉语言能力对聋生的各科学习、思维逻辑发展、主流社会融入都产生巨大影响。《聋校义务教育课程标准(2016年版)》中,汉语言成了多门学科共同关注的问题。然而,相当部分的聋生经过在校九年甚至更长时间的学习,仍然不能很好地掌握汉语,写不出较复杂的、通顺的句子,也无法看懂具有一定深度的文章。

这一方面与聋生听力障碍造成的语言学习困难有关,另一方面也与聋校语言教学未能提供足够的支持有关。语法是语言的重要组成部分,掌握汉语语法规则对提升聋生的汉语言水平起到重要的作用。而长期以来,聋校语文教学忽视语法教学在聋生语言学习中的重要作用。[①]虽然聋校教师认为语法教学很重要,但聋校缺少独立的汉语言课程,语法教学实践不成系统,教师语法教学能力不足。[②]

在语法教学研究方面,研究者大多在聋生汉语言习得研究中提出较为宽泛的建议,如多读多写、借鉴对外汉语教学的经验。王玉玲、王晨华(2018)[③]在《聋生汉语言学习问题及各学科汉语言能力培养》一书中总结了对高中聋生语法教学的实践经验,提出三种语法教学课型:随课专题语法补偿课、跨级专题语法补偿课、网络专题语法补偿课。但语法教学的内容如何选择,需要注意什么,尚没有

---

① 李丹.谈聋校语文教学中的语法教学[J].科技信息,2011(1):307.
② 王玉玲,唐万洁,陈甜天.聋校高中汉语语法的教学现状及教学策略研究[J].新课程研究,2018(5):10-12.
③ 王玉玲,王晨华.聋生汉语言学习问题及各学科汉语言能力培养[M].北京:知识产权出版社,2018:130-150.

相关研究。

一方面聋生需要汉语言教学，另一方面针对聋生的汉语言教学缺失。造成这种局面的重要原因在于缺乏聋生汉语言习得的基础研究。

第 2 节　聋生汉语学习的特殊性

聋生的汉语言习得具有特殊性。聋生出生于汉语环境中，汉语本应为其第一语言。但聋生受到听力障碍的影响，虽然身处汉语学习环境，却难以自然习得汉语，手语对聋生而言是更为自然的语言，但笼统地认为手语是聋生的第一语言也不客观。本节将分析聋生汉语言学习的特殊性，这一特殊性是本研究确定研究对象时重点考虑的因素，也是探讨聋生汉语语法偏误原因时考虑的内容。

一、第一语言、第二语言、中介语[①]

第一语言又称本族语（native language）、母语（mother tongue），是一个人最早接触、习得并掌握的语言。衡量一个人是否具备某种语言能力，掌握这种语言，主要看这个人是否形成了本族语者的语感。第二语言泛指在第一语言之后学习的另外一种语言，这种语言可能是第二种语言、第三种语言、第四种语言……

可拉申（Steven Kraschen）（1981）提出"习得—学习假说"，指出"习得"是潜意识的过程，指向意义自然交际的结果，儿童习得母语就是这样的过程；"学习"是有意识获取知识的过程，是通过课堂教学并辅之以有意识的练习、记忆等活动，达到对所学语言的了解和对语法概念的掌握。第一语言习得最大的特点是无意识习得一种语言，最终学会这种语言。一个人对其第一语言有敏锐良好的语感，对第二语言往往是有意识地学习，最终还未必能完全掌握。当然，到目前为止，还没有任何人通过实验证明，语言习得与语言学习是截然分开的。[②]

[①] 赵杨. 第二语言习得[M]. 北京：外语教学与研究出版社，2015：3-8，61.
[②] 王建勤. 汉语作为第二语言的学习者习得过程研究[M]. 北京：商务印书馆，2006：14.

中介语概念是 1972 年由塞林格（Selinker）提出的，之后被二语习得界广泛采用，称为第二语言习得的核心概念。中介语也称"语际语"或"过渡语"，英文是 interlanguage，意思是"语言之间的形式"或"跨语言形式"，其最重要的特点是：既不同于一语，也不同于目的语，而是介于两者之间，既有一语特征，也有目的语特征，是两者的混合体。学习者在未完全掌握目的语之前，其语言知识和语言能力体现中介语的特点。

中介语有三个特征：系统性、可渗透性、动态性。其中，"渗透性"是指一语和二语的规则和结构不同程度地渗透到中介语中。"迁移"最早由拉多（Lado）于 1957 年提出，指的是个体将本族语言文化中的形式、意义及分布迁移到外国语言文化中。迁移导致正确的结果是"正迁移"，导致错误的结果是"负迁移"。迁移也指目的语和其他任何已经习得的（或者没有完全习得的）语言之间的共性和差异对习得造成的影响（Odlin，1989），其影响可以来自一语，也可以来自中介语。

对于聋生的第一语言是汉语、手语还是中介语，有不同的观点。曾有段时间，有人认为手语不是独立的语言，聋人的母语和健听人一样是本民族语言。[①] 现在已达成共识：手语是聋人使用的主要沟通工具，是一种语言学意义上的语言，具有完整的词汇系统和丰富的语法规则。[②] 不少研究者如龚群虎（2009）[③] 认为聋生最先习得的第一语言是手语，而汉语即使更早学习，也是较晚习得的第二语言。也有研究者如严菁琦（2014）[④] 认为聋生的汉语习得可能兼具自然语言习得和中介语习得的特性。

本研究主张借助第一语言、第二语言、中介语的理论分析聋生的汉语习得情况，但同时要清楚聋生汉语习得的特殊性，并且不将聋生视为一个同质群体，而视为若干类型的异质群体。因此，不简单地、一刀切地认为汉语是聋生的第一语言，还是第二语言，抑或是中介语，而是分析聋生语言学习的特殊性，对义务教育阶段聋生的语言类型进行分类，因人而异地进行分析。

[①] 邱云峰，姚登峰，李荣，刘春达. 中国手语语言学概论 [M]. 北京：中国国际广播出版社，2018：21.
[②] 郑璇. 手语基础教程 [M]. 上海：华东师范大学出版社，2015：5.
[③] 龚群虎. 聋教育中手语和汉语问题的语言学分析 [J]. 中国特殊教育，2009（3）：63-64.
[④] 严菁琦. 开展面向聋人学生的汉语书面语的词汇语法的语料库研究 [J]. 现代语文（学术综合版），2014（4）：121.

二、聋生汉语学习的特殊性

（一）特殊的听

聋生与健听学生的差异在于存在听力障碍。随着医疗条件越来越好，聋生的听力补偿和语言康复条件越来越好，人们容易产生这样一种误解：很多聋生的听力和口语都没有问题了，聋生学习汉语的情况也就和健听人一样了，其实不然。

"听"有三个层次：听得见、听得清、听得懂。助听设备并不能解决一切问题，通过助听设备转换的声音，相对原音多多少少都有些变形。[①]

中国聋人协会主席杨洋说："听力残疾会导致患者在获取言语信息方面出现困难，听到的声音是不完整的，甚至是扭曲的，周围的声音世界像是打上了马赛克。"中国聋人协会人工耳蜗植入者委员会主任陆峰介绍："听觉疲劳是很难解决的问题。听力正常的人没有过这种感受，人工耳蜗的植入者长时间集中精力地听，特别是单侧人工人耳蜗植入者会感觉非常疲劳。"即使佩戴助听器或植入人工耳蜗的补偿效果比较好，聋人仍对环境有比较高的要求，空旷有回音、嘈杂的环境都会对听觉产生很大的影响，听语音、看话都需要与谈话者保持在一定距离内，需要安静的环境、充足的光线，并且需要谈话者面对自己。另外，沟通时说话者与听话人的熟悉程度，以及语速、言语清晰程度等也会影响听的效果。[②]

因为聋生的听具有特殊性，所以，即使聋生听说很好，也不能简单地认为这名学生的汉语书面语没有问题。聋生的口语能力和汉语书面语水平并不是完全成正比的，有些聋生虽然听力和口语都不错，但书面语依然写不通顺，仍然可能表现为"聋式语言"。

（二）以目代耳

健听学生依靠听觉可以实现的学习，聋生除了依靠听，还要依靠视觉：通过"看话"接收汉语口语的信息，通过"看手"接收手语表达的信息。而这两种方式都有自身的特殊性。

[①] 郑璇.手语基础教程[M].上海：华东师范大学出版社，2015：3.
[②] 吕会华，李晗静，房艳红.聋人汉语书面语研究：以语料库为基础[M].北京：华夏出版社，2023：7.

叶立言（1990）[①]指出，"看话"是通过视觉感受讲话人的口型，凭借有声语言的外部形态理解别人讲话的内容，是聋人社会交际，尤其是与健全人交际的一种语言能力。"看话"也就是唇读。雷江华（2009）[②]将"唇读"定义为观看、感知与解释口头符号的基本过程，大致可以分为注视—感知—理解三个阶段。唇读包括三个基本要素：视觉感知熟练程度、综合与联结的能力、灵活的应变能力。看话（唇读）虽然采取"看"的形式，但本质上获取的是有声语言信息。而这种信息获取的难度非常大，仅靠读唇准确理解是非常困难的。现实中，聋生往往借助残余听力，辅助手语，加之读唇，综合性地实现准确的信息获取。

如果说唇读本质上是在"看"汉语，虽然可以准确知道汉语口语信息，但获取难度大；那么，看手则相反，虽然容易获取信息，但是不能直接知道相应的含义用汉语如何表达。因为手语是一种视觉语言，汉语是一种听觉语言，在缺少专业指导的情况下，容易出现转换失败的情况。

三、特殊的语言学习环境

义务教育阶段聋生汉语学习环境的特殊性表现为：文语并进、视听双语、动态发展、异质性强。其第一语言具有欠成熟、不稳定、异质性强的特点，因此需要对学生的第一语言类型进行分类。

健听儿童在自然语言交际环境下，1～2岁左右开始母语习得，到了5～6岁，其语音语法体系就已基本建构完成，入学后，因为有已经形成的语音语法体系作为基础，汉字以及书面语的习得速度和水平良好。而聋生因听觉的丧失，缺少了关键性的语音听说输入，书面语的习得和发展较为迟缓，[③]入学后一边学习汉语口语，一边学习汉语书面语，这种现象曾被称为"依文学语""文语并进"[④]。

聋生还处于特殊的视听双语环境之中。叶立言（1990）[⑤]在《聋校语言教学》的序言中提到，聋校客观上存在着汉语和手语并存的"双语环境"，聋生在汉语表达

---

① 叶立言. 聋校语言教学[M]. 北京：光明日报出版社，1990：16.
② 雷江华. 听觉障碍学生唇读的认知研究[M]. 北京：中国社会科学出版社，2009：6-9.
③ 严菁琦. 开展面向聋人学生的汉语书面语的词汇语法的语料库研究[J]. 现代语文（学术综合版），2014（4）：119.
④ 朴永馨，张宁生，银春铭，魏华忠. 缺陷儿童心理[M]. 北京：科学出版社，1987：66-68.
⑤ 叶立言. 聋校语言教学[M]. 北京：光明日报出版社，1990：序言.

上语病颇多，很大程度上是因为他们置身于双语环境中学习汉语，往往不自觉地将手势语的表达习惯和汉语的表达习惯混杂在一起。因此，聋生要写出地道的汉语并不容易。何佳（2014）[①]也指出，当前80%以上的聋生，都是同时接受口语和手语两种语言输入、在双语环境中成长的"双模式双语人"。

此外，每个聋生的汉语和手语能力各不相同，个体之间存在较强的异质性，而且他们的汉语和手语水平仍然在动态的发展变化之中。

国际中文的研究对象为成人，"成人学习二语时，已经习得了一语，而且认知上也处于成熟状态"[②]。聋生，尤其是义务教育阶段的聋生的情况非常复杂。第一语言的两个特征是最早接触、最终掌握。以这两个特征衡量义务教育阶段聋生的第一语言，可以看到具有以下特点：欠成熟、不稳定、异质性强。

绝大多数聋生最早接触的语言往往是汉语，并非手语。随着听力补偿和康复训练条件越来越好，多数聋生在进入小学之前佩戴了助听器，或接受了电子耳蜗手术；接受过语言康复训练，具有一定的汉语听说能力和读唇的能力。即使聋生的父母是聋人，也可能交由健听老人带大，帮助聋生学习口语。但不能认为这种情况下，多数聋生已经具有成熟的汉语能力。前面分析过，聋生由于听力障碍，以目带耳、其听特殊，达到最终"掌握"汉语并不容易。而且，在融合教育背景下，听力补偿较好、口语发展较好、书面语能力较强的聋生多选择去普通学校读书。

手语对多数聋生而言是更自然的语言方式，所以虽然绝大多数聋生入学后才开始学习手语，但学习手语的速度很快。龚群虎（2009）[③]认为，即使不少聋儿入学时汉语和手语这两种语言都不会，但二、三年级时已有变化：他们虽然不能用天天教的汉语写出一段通顺的话，却已能熟练地用手语讲述情节复杂的故事，因为视觉沟通的迫切需要，他们能在相对自然的情况下迅速地跟其他手语使用者学会手语并且天天使用它。

虽然选择在聋校学习的聋生的听力补偿效果未必很理想，但他们不是完全听不到；他们的口语表达能力不是非常理想，但也不是没有口语。口语者和手语者

---

① 何佳.手语、语言输入与融合教育：国际聋教育的理论与实践[J].现代特殊教育，2014（10）：7.
② 赵杨.第二语言习得[M].北京：外语教学与研究出版社，2015：28.
③ 龚群虎.聋教育中手语和汉语问题的语言学分析[J].中国特殊教育，2009（3）：66.

这种二元式泾渭分明的分类已经不适用于当前的聋校学生，特别是不适用于小学阶段的聋生了。如此，进一步增加了聋校学生语言背景的复杂性。

"双语教学"主张把聋人母语和主流社会语言作为聋校教学和交际的语言，使聋人在聋文化和听文化中成为自由生活的双语平衡者。① 义务教育阶段，尤其是小学阶段的聋生最终掌握一种或两种语言的只是少数，绝大多数聋生的汉语、手语水平处于动态发展的过程中。而且，学生的异质性很强，其听力损失程度、听力补偿效果、语言康复效果、读唇能力、读写量、视觉学习能力等都会影响汉语和手语的学习效果。"聋生"并不是同质群体，需要对其语言类型进行区分。

第3节 聋生汉语语法偏误研究概况

一、偏误分析

"偏误"指的是中介语与目的语规律之间的差距。"偏误"与"错误"是有区别的，"错误"是指在使用语言时的胡猜乱想和口误，任何人在使用本族语或外语时都会发生错误。在对中介语系统进行分析的时候，要排除没有规律的、偶然发生的形式——错误。② 也就是说，偏误是系统的、有规律的；错误（失误）是偶然的、无规律的。

第二语言学习者的语法偏误成因是多方面因素造成的，通常归纳为五个方面：母语的负迁移、目的语知识负迁移、文化因素负迁移、学习策略的影响、交际策略的影响、学习环境的影响（教师和教材）。③

就母语迁移而言，依照对比分析假设，当第一语言和第二语言之间存在差异时，第一语言只会干扰第二语言的习得。但语言标记性理论认为，差异不足以作为第二语言习得中母语迁移的主要依据，不同的母语特征是否被迁移取决于其标记程度（在两个对立的语言成分中具有某一区别性特征的成分为有标记，缺少某一

---

① 教育部师范教育司.聋童心理学[M].北京：人民教育出版社，2000：63.
② 鲁健骥.中介语理论与外国人学习汉语的语音偏误分析[J].语言教学与研究，1984（3）：46.
③ 齐沪扬.对外汉语教学语法[M].上海：复旦大学出版社，2005：363-365.

区别性特征的成分为无标记），还取决于学习者的心理感觉。如果学习者感觉到自己的母语与目的语之间差别很大，而母语的结构又是有标记的（即这个结构或不常用，或不规则，或非核心，或语义模糊），迁移就不容易发生。①

而研究学生的语言偏误可以观察中介语在学生头脑中的运作情况。②与单纯从两种语言本身进行比较预测难点的"对比分析法"相比，偏误分析通过对学生语言运用的实际情况分析难易，结论更为可靠，分析更为深入。最早系统论述偏误分析的科德（Corder，1967）认为，偏误有三个作用：（1）能使教师了解学习者的学习情况；（2）能使研究者了解学习者是如何学习语言的；（3）是学习者赖以发现目的语规则的工具。③偏误分析就是关注学习者在第二语言学习过程中所产生的有规律的错误，并进行系统地分析研究，以探求第二语言习得的过程和规律。④

二、聋生汉语语法偏误分析

聋生汉语语法偏误研究可以为教学提供有益的参考。我国聋生汉语语法偏误研究内容多为语法偏误类型、原因和教学建议。从研究方法上看主要有经验总结、文本的统计分析和语料库统计三种。

刘德华（2002）⑤将聋生动词及相关成分的运用归为四类：动词运用不当、成分残缺、语序颠倒、搭配不当；将原因归为听觉障碍影响、手语局限性影响、服从视觉特征的结果、直观形象思维的影响、聋校传统语言教学方法的影响、社会及家庭的影响；建议重视学龄前聋童和低年级聋生的听力口语训练、培养学生的自学能力、创设语言学习的环境、创造性地进行语言教学。贾秀云、张海燕、王玉华（2005）⑥强调对聋童不需要详细介绍语法理论和语法知识，而应突出语言使用规律，既要重视语言结构形式的描写，又要注意结构形式与意义的结合。这两

---

① 王建勤.汉语作为第二语言的学习者习得过程研究[M].北京：商务印书馆，2006：106，108.
② 赵金铭.对外汉语教学研究的现状与前瞻——为世界汉语教学学会成立十周年而作[C]//第五届国际汉语教学讨论会论文选.1996（8）：6-7.
③ 周小兵，朱其智，邓小宁.外国人学汉语语法偏误研究[M].北京：北京语言大学出版社，2007：2.
④ 齐沪扬.对外汉语教学语法[M].上海：复旦大学出版社，2005：362.
⑤ 刘德华.聋生书面语中动词及相关成分的异常运用[J].中国特殊教育，2002（2）：43-46.
⑥ 贾秀云，张海燕，王玉华.聋童语法能力现状剖析与教学对策[J].中国听力语言康复科学杂志，2005（2）：33-35.

篇文章是比较有影响力的经验类研究成果，对教学有较大的启发性。

刘杰、卢海丹（2007）[①]选取上海市两所聋校四～六年级40名学生，通过看图说话、命题作文、提示性作文进行问卷调查，采用材料分析法对聋生的试卷进行分析，总结出33种语法错误，其中常见的8种语法错误为：主语残缺（7.92%）、谓语残缺（8.42%）、宾语残缺（9.9%）、代词不当（3.86%）、动宾搭配不当（7.43%）、动补搭配不当（10.4%）、句子杂糅（4.95%）、赘余（6.44%）；认为语法错误原因与聋生自身的生理缺陷、先天的语言环境、低年级阶段的语法训练、教师的教学方法等很多因素有关；建议在聋校低年级阶段教授简单的语法知识，针对常见的语法错误进行训练。这篇报告的调查范围较广，得出了偏误类型及其占比，相比举例式经验总结，客观性有所增强。

陈凤芸（2008）[②]将聋生述宾偏误总结为四类：动词"价位"运用不当、述宾搭配不当、成分残缺不全、成分重复连用；分别从手语和中介语的角度对偏误原因进行分析；建议在聋校低年级阶段教授简单的语法知识，针对常见的语法错误进行训练，提升教师的语言学素养，正确认识第二语言习得规律。这篇文章虽然是经验总结，但借助汉语本体学和第二语言习得理论来研究聋生偏误问题，理论性较强，较为深入。

高彦怡（2018）[③]使用EXCEL统计软件对语料进行统计分析，如成分残缺偏误从高到低排序为主语残缺、宾语残缺、定语残缺、状语残缺、"把"字句偏误、补语残缺、"被"字句偏误；认为聋生书面语偏误的根本原因是自然手语对聋生汉语书面语的负迁移：如自然手语表达中的省略、指点、停顿、同时性、手控与非手控特征等，导致聋生的书面语中出现大量的成分缺失、成分残缺偏误；手语对语序的要求不像自然语言那样完全线性，导致聋生的书面语表达中出现各种语序偏误。此文是一篇博士论文，研究内容较为丰富，在手语对聋生汉语语法表达的影响分析上，有一些比较深入的地方。

[①] 刘杰，卢海丹. 聋生语法错误类型调查报告及分析[J]. 中国听力语言康复科学杂志，2007（4）：60-61.
[②] 陈凤芸. 试论聋童汉语述宾结构的习得特征[J]. 中国特殊教育，2008（1）：50-55.
[③] 高彦怡. 听障学生汉语书面语偏误研究[D]. 长春：吉林大学，2018：序言，51.

卢雪飞、王玉玲（2018）[①]依据自建的 5 万字聋生中介语语料库，对母语为手语的高中听力障碍学生的"是"字句进行偏误分析，研究发现：多"是"偏误（即不该用而用）＞"是"字句内部偏误＞缺"是"偏误（即该用而未用）；多"是"偏误句中形容词谓语句误用为"是"字句的比例较高；"的"字短语对"是"字句内部偏误有较大影响；"是"字句代词作主语时容易缺失。"是"字句偏误的原因有："是"字句本身特点的制约、手语负迁移、听障生非"是"字句的其他语法掌握不佳、教材和教学方面不足。建议加强"是"字句主宾语义关系的教学、教授自然手语和"是"字句的转化规则、科学安排教学顺序，注意相似句式的区分。这篇论文可能是国内最早基于语料库进行的聋生汉语特殊句式偏误研究成果。

王玉玲、张宝林、陈甜天、卢雪飞（2018）[②]基于自建的 5 万字聋生中介语语料库，对母语为手语的高中聋生的汉语语法偏误进行分析，研究发现：聋生虚词增缺远多于实词增缺，尤以助词最为突出；成分残缺（79.25%）远多于成分赘余（20.75%），句子成分残缺前 4 位依次为述语残缺（27.20%）、主语残缺（26.18%）、中心语残缺（12.50%）和宾语残缺（9.46%）；语序偏误类型多达 12 种，最多的是定语后置（21.61%）、状语后置（15.16%）、谓语前置（12.26%）和宾语前置（10.32%）。该论文具体分析了手语对聋生汉语语法偏误的影响，建议在聋校高中开设专门的汉语语法课程、教授学生手语汉语互译规则、重视听障学生汉语语料库建设及基于语料库的研究。这篇论文可能是国内最早基于语料库进行的较为全面的聋生汉语语法偏误研究成果。

靳敬坤、王娜（2021）[③]以本校三～六年级 23 名在校生一个学期的日记和作文为语料、共计 220 篇进行分析，发现句子偏误为：成分残缺 94 处，成分冗余 80 处，搭配不当 2 处，语序问题 24 处和句式杂糅 10 处。此研究的一个进展是对比了年级间语料偏误频次，研究发现：年级越低，聋生书面语偏误频率越高，书面语偏误

---

① 卢雪飞，王玉玲. 高中听力障碍学生"是"字句偏误分析——基于语料库的研究[J]. 现代语文，2018（1）：164-168.
② 王玉玲，张宝林，陈甜天，卢雪飞. 高中听障学生汉语语法偏误分析——基于语料库的研究[J]. 中国听力语言康复科学杂志，2018（3）：218-221.
③ 靳敬坤，王娜. 赤峰市民族特殊教育学校聋生汉语书面语偏误研究[J]. 绥化学院学报，2021（7）：41-43.

现象越严重。建议通过实行读写结合的教学方式、提升聋生的阅读能力和句法学习能力，改善聋生汉语书面语偏误现象。

陈珂、邓大柱（2023）[①]以49名在校聋生的日记作为研究对象，从语法、语义、语用三个层面对聋生书面语偏误进行分析，发现其书面语偏误涵盖遗漏、误加、替代和错序这四种类型。其研究的进展是在统计年级间偏误总频次的基础上，还统计了各种偏误类型的年级差异，研究发现：在小学阶段最容易发生的偏误类型是遗漏和错序，初中和高中最容易发生的偏误类型是易混淆词误代与误加。从偏误成因上看，小学聋生更易受到手语负迁移的影响，初中、高中聋生更多地受到已学汉语知识的干扰。建议根据偏误的性质与成因，在不同阶段采用不同的教学策略。

三、手语对聋生汉语语法学习的影响

在分析聋生汉语书面语偏误原因时，手语的负迁移被经常提及。研究者采用对比分析的方法，比较手语和汉语的差异：汉语是线性的听觉语言，手语是共时性的视觉语言；虚词和语序是汉语重要的语法手段；手语由手形、方位、运动和方向四大视觉要素构成，"非手控""类标记"起到重要的语法作用。

郑璇（2004）[②]认为手语对聋人主流语言学习的影响可分为三大层面：思维方式的影响、学习态度的影响和表达习惯的影响。其中表达习惯的影响表现为错别字多、实词兼代、虚词和标点符号运用不当、成分残缺或冗余、语序颠倒等。建议处理好手语、口语与书面语之间的关系，将三者相结合，以发展主流语言能力为目的，以规范系统的手语为辅助手段，达到事半功倍的效果，从根本上提高聋人运用语言的水平。该论述较为具体地分析了手语的特点，以及对汉语表达阐释的影响。比如，就聋童的词类混淆现象进行如下分析：手语无所谓词性，而代之以心理联想和模糊意图，要根据具体的语境才能把握确切意思，如"甜"与"糖块"、"喜欢"与"笑"、"凳子"与"坐"，导致聋童在书面语中难以分清词性。

[①] 陈珂，邓大柱. 聋生汉语书面语动词习得偏误分析[J]. 宜宾学院学报，2023（7）：73.
[②] 郑璇. 浅论手语对聋儿主流语言学习的影响[J]. 中国听力语言康复科学杂志，2004（1）：51-53.

吴铃（2006）[①]对 20 个手语故事进行分析，发现用手语词语表现的内容只占全部内容的 50%，另外的 50% 是靠表情、动作和一些特殊的只在聋人中使用的手势表现的。聋人学生将手语转写成书面语时忽略了表情、动作、姿态等非手势语言所传达的信息，这是造成其书面语缺失的重要原因。另外有些聋人学生有意回避不会写的动作、表情等方面的词语，对手语类标记的认识不足等也是导致聋生书面语产生偏误的重要原因。

刘卿、赵晓驰（2023）[②]认为很多聋人学习汉语多年，还是难以正确运用汉语，原因之一是聋人对手语认识、研究不够，而汉语教学未能从第二语言学习角度入手，并运用对比分析方法使聋人对母语和目标语有清晰的认识。建议明确手语语言学地位，加强聋人对手语的学习，运用对比语言学的方法教学，引导聋人把手势的方向、手势运动幅度变化、表情与体态等所对应的汉语词语一一表达出来。

何佳（2014）[③]从脑科学的角度说明，尽早学习手语对聋生发展语言，包括汉语口语都具有积极影响。其研究指出，听力的改善不等于语言的改善，认为接触手语会阻碍聋童学习口语的观念是错误的，一些聋童佩戴人工耳蜗后口语发展不尽如人意的主要原因是语言关键期内缺少足够的语言输入，无论是口语还是手语。早期语言输入对聋童的脑认知有积极影响，而大脑接收的语言信号的来源可以是听觉、视觉或是混合性的。基于此，应该倡导比其他类型的融合教育更具有优势的聋童和健听儿童"双赢"的"共融教育"。

张帆（2019）[④]的专著《认知视角下聋人学生汉语习得与教学研究》是一本汉语作为第二语言的聋生汉语认知研究成果。该书论证了聋生学习汉语具有二语习得的性质；从手语本体研究出发，阐述在视觉主导的空间认知策略下，手语和汉语转译中凸显出的"省略""倒装""重复"三种句法变换关系和对汉语学习的影响；探讨了聋生汉语学习的认知特点和规律，提出了将认知成果应用于课程改革的设想和思路。

[①] 吴铃.手语语法和汉语语法的比较研究——寻找聋人失落的书面语[J].中国特殊教育，2006（8）：50-54.
[②] 刘卿，赵晓驰.聋人手语会话"省略"特征及对聋人汉语教学的启示[J].现代特殊教育，2023（4）：51-52.
[③] 何佳.手语、语言输入与融合教育：国际聋教育的理论与实践[J].现代特殊教育，2014（10）：4-6.
[④] 张帆.认知视角下聋人学生汉语习得与教学研究[M].杭州：浙江大学出版社，2019.

四、对研究方法的反思

对聋生汉语语法习得的研究越来越深入，但有些共性问题一直存在，如多以经验为主，缺少语言学领域的科学方法，缺少基于语料库的数据分析，缺少基于如第二语言习得理论与方法的研究。以下按时间顺序，将一些比较有影响力的观点列举如下。

梁丹丹、王玉珍（2007）[①]认为对我国聋生汉语语法问题的分析与解释都还处在起步阶段，其中关键的因素在于特教工作者未能自觉运用语言学理论来分析语料，对有问题的句子只能碰到一个修改一个，不能从中总结出普遍规律。这与已经成熟的二语习得领域的工作成果比起来存在较大差距。具体来说，在偏误归类上，未给出归类的标准，类别之间缺乏内在的连续性，类别内部则缺乏同质性。从样本的角度看，语料库的建立对于发现问题来说是至关重要的，而目前尚无聋生相关研究的大样本调查，引用的语言事实不足以形成有力的证据。从手语影响分析的角度看，对于手语和汉语具体有哪些方面的不同，还无人从语言学层面进行系统分析。

金慧媛、严菁琦、刘海涛（2013）[②]认为目前我国对聋人汉语书面语的研究尚停留在经验层面，或是简单的经验性总结，或是建立了语料库，但是研究方法（人工检索）较为落后，不能够运用较为先进的基于计算机的统计方法和手段进行较为精确的定量研究。采用基于语料库的定量研究有助于发现聋生在其书面语发展过程当中存在的一些规律性问题。

严菁琦（2014）[③]认为对听障学生的汉语书面语相关研究在语言学界和教育学界都处在边缘地位，很大程度上是因为目前流行的基于语料库的语言研究方法，在特殊教育领域没有得到很好的推广。目前聋校的语文教育缺乏科学理论和总体规律的认识，而聋生的书面语问题原因复杂，必须加强对聋生书面语习得规律的

---

① 梁丹丹，王玉珍.聋生习得汉语形容词程度范畴的偏误分析——兼论汉语作为聋生第二语言的教学[J].中国特殊教育，2007（2）：23-27.
② 金慧媛，严菁琦，刘海涛.从聋生写作中考察"不"和"没（有）"的习得过程[J].中国特殊教育，2013（8）：42-43.
③ 严菁琦.开展面向聋人学生的汉语书面语的词汇语法的语料库研究[J].现代语文（学术综合版），2014（4）：119-121.

科学性研究，全面了解聋生书面语的掌握情况和形成机制，以其作为聋校书面语教学的指导基础。

陈珂、邓大柱（2023）①指出在汉语二语习得领域，我国聋生汉语书面语的习得研究尚处于起步阶段，只有少数学者运用二语习得理论对聋生书面语习得现状进行分析，多数研究仍停留在经验总结层面，这与已经成熟的外国留学生的汉语习得研究相比存在较大差距，在我国聋生汉语书面语习得方面有大量问题亟待解决。

张宝林在《外国人汉语句式习得研究的方法论思考》一文中对外国人汉语句式研究的问题症结与解决方案进行了深入的剖析，其结论同样适用于聋生汉语语法习得研究。文章指出，几乎所有的偏误分析中都沿用了鲁健骥1984年所介绍的遗漏、增添、替代、错序四大偏误类型，以及母语干扰、过度泛化、文化影响、学习策略、教学失误五大原因，研究缺乏针对性和个性化。建议对语料进行全面调查与深入研究；注重来自较大规模的语料库、更具有广泛性和代表性的数据的定量研究；将偏误分析和对正确语料的考察结合起来，把研究从偏误分析提升为表现分析；将个性分析与共性分析相结合，既要从语言的个性，即外国学生母语的角度进行分析，更要从语言的共性，即从不同母语背景的考生所犯的相同错误中寻找规律；结合学习者的其他相关信息进行分析。②

笔者认同上述前人对研究方法的反思，同时发现，目前聋生汉语语法偏误研究存在四方面的共性问题：（1）一些经验研究存在一定的主观性，客观性和科学性不足，而且并非是穷尽式的统计分析，缺少数据统计。（2）偏误类型的划分欠科学、欠准确。如将"吃饭完了"界定为动补搭配不当③。动词短语"吃饭"和补语"完了"是可以搭配的，这不是搭配不当的问题，而是语序问题，正确表达应该是"吃完了饭"。还有将不同层面的语法问题相混杂，如将"把"字句、"被"字句这两种特殊句式混杂在句子成分偏误中④。（3）在原因分析中忽视对第二语言学习者汉

---

① 陈珂，邓大柱.聋生汉语书面语动词习得偏误分析[J].宜宾学院学报，2023（7）：73.
② 张宝林.外国人汉语句式习得研究的方法论思考[J].华文教学与研究，2011（2）：23-29.
③ 刘杰，卢海丹.聋生语法错误类型调查报告及分析[J].中国听力语言康复科学杂志，2007（4）：60-61.
④ 高彦怡.听障学生汉语书面语偏误研究[D].长春：吉林大学，2018：序言，51.

语学习的共性问题分析，将原因简单地归结为手语影响，并且对手语影响的具体分析不足。（4）虽有基于语料库的研究，但语料库规模较小，仅有 5 万字。

第 4 节　本研究整体情况

本研究为全国教育科学"十三五"规划 2019 年度教育部重点课题"基于语料库的聋生汉语语法偏误分析及教学研究"的研究成果。

一、研究对象的选择与确定

本研究的对象为北京地区义务教育阶段聋生。考虑到聋生语言学习的特殊性和融合教育背景下多重残疾学生的情况，首先对学生进行调查，去掉第一语言为汉语的聋生，以及兼有智力障碍的聋生，将第一语言为手语或者手语和汉语混用的聋生作为研究对象。考虑到义务教育阶段聋生的语言能力具有较强的异质性，而且低年级聋生的第一语言还在发展变化之中，需要对聋生的语言能力进行分类。由于医疗水平和语言康复技术的发展，听力障碍与汉语口语能力之间的关联已经不是很密切。因此本研究不是根据学生的听力障碍程度、语前聋还是语后聋进行分类，而是根据其在语料产出时的语言类型，也就是汉语和手语的实际使用情况进行分类。具体情况如下。

第一步，对某校聋生进行语言调查。

调查发现，义务教育阶段聋生的第一语言分为如下四种情况（见表 1.1）。

（1）第一语言为汉语的聋生占 23.19%。由于听力补偿及时、语言训练充分，有一部分聋生的汉语口语和书面语表达能力与同龄健听学生无异，这部分聋生的第一语言是汉语。

（2）合并智力障碍的聋生占 13.04%。他们尚未形成成熟、稳定的第一语言系统，产出的书面语语料数量极少，表达逻辑混乱。

（3）第一语言偏向手语的聋生占 13.04%。他们虽然大多不是出生在聋人家庭，但由于没有听力或听力不佳，无口语或口语不佳，即使身处汉语学习环境，但受汉语影响很小。上学后学习手语进步很快，日常交流以手语为主，且手语为自然手语而不是手势汉语。因此认定他们的第一语言偏向手语。

（4）第一语言是汉语和手语混杂语的聋生占 50.73%。这些学生在日常交流中同时使用汉语口语与手语，书面语存在偏误。他们的占比最高，而且可能会越来越高。一方面，医疗和语言康复条件越来越好，无论聋生原本的听力障碍程度如何，一般都会具备一定的听说能力，第一语言为手语的聋生将越来越少。另一方面，随着融合教育的普及，听说能力较好的第一语言为汉语的聋生会选择进入普通学校随班就读，少数聋生选择到聋校学习。

表 1.1 义务教育阶段聋生汉语语法偏误研究对象（以某校为例）

类型序号	学生类型	人数	比例	是否作为研究对象
类型一	第一语言为汉语的聋生	16	23.19%	否
类型二	合并智力障碍的聋生	9	13.04%	否
类型三	第一语言偏向手语的聋生	9	13.04%	是
类型四	第一语言是汉语和手语混杂语的聋生	35	50.73%	是
总计		69	100%	

第二步，确定研究对象。

以往研究多将聋生作为一个整体，或者选用第一语言为手语的聋生作为研究对象。

本研究经过调查与分析，认为并非所有聋生的语料都具有典型性，将第一语言为汉语的聋生（类型一），以及兼有智力障碍的聋生（类型二）排除在本研究之外。因为这两类学生的语料分别体现了健听学生和智力障碍学生的特点，不具备典型性。

将第一语言偏向手语的聋生（类型三）作为研究重点，同时将第一语言为汉语和手语混杂语的聋生（类型四）也纳入研究范畴。将类型四作为研究对象是出于现实需要。但这类学生第一语言的复杂性与发展变化的特点增加了研究难度。

第三步，采用三角验证的方式对学生的语言类型做判断。

由熟悉学生的三位教师（班主任、语文教师以及其他学科教师）分别对学生的语言类型进行判断，如果三人判断一致则确定结论；如果不一致就需要进行一段时间的观察，再做判断，必要时进行讨论，直到结论一致为止。根据实际情况，将其分为五种类型：

手口均优：同时使用手语和汉语，听力、口语、手语均优。

手语优势：听力、口语表达能力较弱，一般读唇能力也较弱，日常交流以手语为主，手语为自然手语。本研究中的手语优势聋生包括第一语言为手语的聋生，以及第一语言为手语和汉语混杂语的聋生。

口语优势：听力、口语表达能力较强，一般读唇能力也较强，较少使用手语，手语为手势汉语。

手口一般：同时使用手语和汉语，但听力、口语、手语均一般。

手口均差：同时使用手语和汉语，但听力、口语、手语均差。

第四步，对学生的语言类型进行动态调整。

小学阶段聋生的第一语言系统还在形成发展之中，因此每一年需要对聋生的语言发展类型进行重新判定。

二、研究范围

为使研究更为聚焦，本书对聋生的汉语特殊句式进行偏误分析。之所以选择特殊句式作为研究内容，是因为汉语语法习得研究大致分类两类：汉语句式特别是特殊句式的研究，以及汉语句法成分的习得研究。[①] 目前我国对聋生的汉语语法偏误分析基本是汉语句法成分研究，少有汉语特殊句式研究，而汉语特殊句式研究对提升聋生的汉语言能力、对将来为聋生编制语法课程有重要意义。

特殊句式的选择首先参考 2021 年出版的《国际中文教育中文水平等级标准》[②]中的 11 种特殊句式（"把"字句、"有"字句、"是"字句、连动句、兼语句、被动句、"是……的"句、比较句、双宾语句、存现句、重动句），再从自建语料库中选择偏误句多于 200 句以上的 6 种特殊句式："是"字句、连动句、兼语句、"有"字句、"把"字句、"是……的"句（见表 1.2）。

[①] 王建勤.汉语作为第二语言的学习者习得过程研究[M].北京：商务印书馆，2006：7.
[②] 中华人民共和国教育部，国家语言文字工作委员会.国际中文教育中文水平等级标准[S].北京：北京语言大学出版社，2021.

表 1.2 特殊句式在自建语料库中的数量

排序	特殊句式	正确句	偏误句	合计
1	"是"字句	765	493	1258
2	连动句	602	409	1011
3	兼语句	483	452	935
4	"有"字句	560	246	806
5	"把"字句	207	289	496
6	"是……的"句	133	151	284
7	"被"字句	78	86	164
8	双宾语句	55	95	150
9	"比"字句	31	24	55
10	重动句	0	21	21

注：本语料库只对比较句中的"比"字句、被动句中的"被"字句进行了标注。

本研究所依据的语料库将聋生使用的特殊句式分为正确句和偏误句，二者又分别包括大句和小句。大句是指某特殊句式作为单句出现，如"弟弟把玩具收起来了"是"把"字句大句。小句是指某特殊句式作为单句的某个成分出现，如"我看见弟弟把玩具收起来了"中"把"字句"弟弟把玩具收起来了"是单句的宾语，是"把"字句小句。本研究无特殊说明均针对大句。

三、研究内容与研究方法

本研究采用偏误分析的方法，进行如下内容的研究：偏误类型、偏误分布（不同年级、不同语言类型聋生的偏误情况）、偏误原因、教学建议。

科德（Corder，1974）将偏误分析的步骤和注意事项总结为：（1）语料选择。要考虑样本的大小、类别和一致性；（2）偏误识辨。需要区分"失误"（lapse）和"偏误"（error）。后者是缺乏语言能力造成的，前者是有能力但一时疏忽引起的；（3）偏误分类。主要是形式上的分类，包括对每一类偏误进行规则描述；（4）偏误解释。主要是解释偏误产生的心理原因。[①]需要注意偏误分类可以从不同角度进行，

---

① 周小兵，李海鸥.对外汉语教学入门[M].广州：中山大学出版社，2004：50-51.

但无论采取哪种标准，都应该注意分类的一致性。① 根据这些原则，以及前人研究中的经验和教训，本研究注重做到以下几点。

在研究过程中，充分借鉴汉语语法本体学、第二语言习得等方面的研究成果。

研究偏误类型时，注意分类标准的科学性与一致性，分类不可过于粗略，紧密围绕各种特殊句式的特点进行深入全面地描述。

分析偏误原因时，不会简单地将原因归为手语的负迁移，仅通过对比发现差异就认定负迁移存在，而是结合相关理论和语料进行具体分析。

不仅研究聋生的整体情况，还要关注不同年级、不同语言类型聋生的语料分布情况。

四、研究工具

为确保研究的客观性、普遍性和稳定性，本研究样本来自自建的义务教育阶段聋生汉语中介语语料库。语料库收录北京市 2019 至 2020 学年度义务教育阶段聋校学生一～九年级的语料，共计 77 人，其中男生 48 人，女生 29 人。语料为聋生自发产出的语料，包括日记、作文。以横向语料为主，也有个别聋生的纵向语料。语料共 1319 篇、12388 句、264826 字。语料库相关情况将在第 5 节详细介绍。

第 5 节　语料库建设情况

一、基于语料库研究的价值

语料库（corpus 或 corpora）是由大量在真实情况下使用的语言信息集成的专供研究使用的资料库。语料库已成为语言学研究的一种重要手段，基于语料库的实证研究正逐年增加，成为语言研究的热点。②

基于语料库的研究分析具有实验性、收集大量的真实文本、使用计算机的自

---

① 齐沪扬. 对外汉语教学语法 [M]. 上海：复旦大学出版社，2005：366.
② 宋红波，王雪利. 近十年国内语料库语言学研究综述 [J]. 山东外语教学，2013（3）：41.

动与交互技术进行分析、使用定量与定性分析技术等特点[1]，有助于将看不见的语言习得心智过程通过语言数据加以分析，从而揭示隐藏在其中的规律。[2] 聋生汉语言习得的独特性长久以来没有给予足够重视，语料库研究有助于验证这一独特性[3]，且能够让结论具有较强的客观性、普遍性和稳定性，能极大提高汉语作为第二语言的教学研究水平[4]。

越来越多的学者们呼吁，应重视聋人汉语书面语语料库建设，以及基于语料库的语法知识习得研究。[5] 但语料库的研究方法在特殊教育研究中普及率较低，且已有的语料库规模也不够大和全面，难以有足够的说服力。[6] 目前仅有如下一些小规模的聋人语料库：面向大学生和社会聋人的语料库[7]、浙江中高职聋生汉字偏误语料库[8]、汉语书面语词汇语法语料库[9]、高中听障学生汉语中介语语料库[10]，没有面向义务教育阶段聋生的汉语语料库。

本书所依托的语料库为王玉玲团队自建的"义务教育阶段聋生汉语中介语语料库"。此处仅就与本书密切相关的语料选择和标注情况进行说明。

二、语料的选择

语料选择的原则为真实性、典型性与现实性。

语料的真实性是建设汉语中介语语料库的基本前提。[11] 主要通过以下四种方式

---

[1] 道格拉斯·比伯，苏珊·康拉德，兰迪·瑞潘，等.语料库语言学[M].北京：清华大学出版社，2012：4.
[2] 肖忠华，戴光荣.语料库在语言教学中的运用——中国英语学习者被动句式习得个案研究[J].浙江大学学报（人文社会科学版），2010（4）：192.
[3] 严菁琦.开展面向聋人学生的汉语书面语的词汇语法的语料库研究[J].现代语文（学术综合版），2014（4）：121.
[4] 张宝林，崔希亮."全球汉语中介语语料库"的特点与功能[J].世界汉语教学，2022（1）：90.
[5] 任媛媛.聋人学生汉语书面语语法研究综述[J].中国特殊教育，2011（3）：17.
[6] 严菁琦.开展面向聋人学生的汉语书面语的词汇语法的语料库研究[J].现代语文（学术综合版），2014（4）：119-120.
[7] 吕会华，吴铃，张会文.聋人汉语书面语语料库建设研究[J].中国特殊教育，2010（3）：31-33.
[8] 张帆.浙江中高职聋生汉字偏误语料库的建设[J].教育评论，2013（2）：120-122.
[9] 严菁琦.开展面向聋人学生的汉语书面语的词汇语法的语料库研究[J].现代语文（学术综合版），2014（4）：119-121.
[10] 王玉玲，张宝林，陈甜天，卢雪飞.高中听障学生汉语语法偏误分析——基于语料库的研究[J].中国听力语言康复科学杂志，2018（3）：218-222.
[11] 张宝林.汉语中介语料库建设研究[M].北京：商务印书馆，2022：54.

力图最大程度保证语料的真实性：

（1）收集自然产出的语料，如日记、未经教师和家长修改的作文。仿写、复述和修改过的语料则不予收录。

（2）请语文教师和班主任甄别语料，将不符合学生实际水平，存在抄袭、家长代写，以及有修改嫌疑的语料排除在外。

（3）将学生的语料以扫描文本的方式存放在语料库中，避免语料标注过程中发生错误。

（4）在语料标注过程中，对存在疑问的语句与学生本人进行沟通，剔除偶尔失误的非规律性偏误语料，并将沟通记录以图片形式存放于语料库中，为后续验证提供参考依据。

基于典型性原则，将第一语言为汉语与兼有智力障碍这两类并非典型的聋生的语料排除在外。

现实性是指按照聋生语料的实际分布情况选择语料，没有采取语料的绝对平衡的观点。语料的平衡性是指不同类型的语料在分布上尽可能均匀，比如不同母语、不同汉语水平的汉语学习者所产出的语料数量应该完全相同。张宝林（2022）[1]认为语料理想化的绝对平衡并不符合汉语学习者的实际分布情况，不应该是所追求的。本研究认同张宝林的观点，因为聋生之间语言水平差异巨大，强求不同语言类型聋生语料的均衡性，反而与实际情况不相符。比如，手口均差聋生的语料产出篇数少，一篇中的句数、字数也很少；而手口均优聋生的语料篇数，一篇中的句数、字数均很多。因此，本研究将所有研究对象的一自然学年的所有语料均进行了收录。

三、语料库建设者及语料标注

语料标注人员的语言学基础、专业水平及工作态度，直接关系到语料标注质量，而标注质量是语料库的生命，是体现语料库使用价值的一个重要方面。[2]

国际中文语料库的建设者多为国际中文教师。他们有语言理论学习的经历，从事语言教学，联合同行或者与自己的学生一起进行国际中文语料标注，具有足

---

[1] 张宝林. 汉语中介语语料库建设研究[M]. 北京：商务印书馆，2022：56, 57.
[2] 张宝林. 汉语中介语语料库建设研究[M]. 北京：商务印书馆，2022：28, 31.

够的专业能力与较为充足的人力资源。聋生汉语中介语语料库建设在"谁来建设语料库"这一问题上就存在诸多困难。这样的人既要具备语言学的知识与技能，又要懂得特殊教育，熟悉自然手语和手势汉语，了解聋生，能看懂聋生的语料，理解聋生汉语学习中的困难……目前几乎没有人同时具备上述能力。因此本研究所依据的语料库采取跨领域协作的方式来建设。

由聋校教师担任语料标注和语料建设的主体。聋校教师熟悉聋生，熟悉手语，身处教学一线，在语料提供、语料辨别、学生理解上有不可替代的优势。他们在日常教学中急需聋生汉语语料库的支持，并在语料库建设中提升自身聋生语言习得研究与教学的专业能力，具有极强的研究动力。教师们表示，在进行语料标注的过程中，自己要不断地读书、学习、研究，之前看聋生的语料是一句一句的，只看到错误之处；现在则是一类一类的，能够从偏误中发现规律，不仅能看到错误，还能看到聋生语言发展水平。之前不厌其烦地给学生改病句，学生知其然不知其所以然，很受挫；现在能给学生量身定制语法教学，学生学得轻松愉快，效果好。

由多领域专家提供专业指导。聘请语言学、第二语言习得、特殊教育、手语研究领域的专家担任语料库建设的学术顾问，对语料的搜集、标注、统计分析、原因探寻等提供专业支持。其中有不少问题需要多领域碰撞，而不是仅听取一家之言。

由特殊教育教研员担任团队组织者。聋校教师虽然有较强的研究动力和便利的实践条件，但在语料库建设的过程中缺少语言研究的专业性，研究过程困难重重。本研究依托区级教研组，形成"聋生汉语言习得与教学"的学习共同体。邀请各领域专家进行系列培训，采用在做中学的方式，边实践、边学习、边研究。让语料库的建设一开始就不仅为基础研究提供服务，还考虑聋教育的实际需求。

语料库的标注规范借鉴"全球汉语中介语语料库"标注规范，以及本研究团队之前的"高中聋生汉语中介语语料库"标注规范，在研究过程中进行调整。语料标注历经三个阶段。第一阶段为标注阶段。初标采用二人共同合作完成的方式，由初标者进行初步标注，再由复查者进行初步复查，就二者不一致之处进行讨论，必要时各领域专家参与讨论。第二阶段为复查阶段。统一由一人进行所有语料的复查，保证标注的一致性。第三阶段为再甄别阶段。本研究过程中，在专家的指导下，几人一组对各类特殊句式进行了更为细致地分类，修正前期标注中的错误，依次确保标注的可靠性。

第二章 聋生"把"字句偏误分析*

第1节 引言

一、"把"字句及其特点

"把"字句是指谓语部分有由介词"把"构成的介词短语做状语的动词谓语句,基本结构是:(主语)+把+"把"字宾语+谓语动词+其他。

"把"字句在形式上有两个重要的特征。一是动词不是单纯的[1],往往有其他成分,如补语、宾语、状语、助词"了""着";或者有其他形式,如动词重叠方式;或者有其他要求,如光杆动词本身包含结果义。二是"把"字及其宾语在谓语动词之前。"把"字句中的谓语总是针对"把"字宾语的,因此,宾语必须是听话人可以理解的、确定的事物。

"把"字句的语义关系是比较复杂的,有表位移、表变化、表联系、表等同、表不如意、表致使[2]、表处置等。其中,最有影响力的是"处置说"和"致使说",其他类型大致可以归入这两类中。王力(1943)[3]将"把"字句称为处置式:在普通的结构里,目的位是放在叙述词后面的,如"我烧了那一封信",是普通的叙述;也可以把目的位放在叙述词前面,如"我把那一封信烧了",表示这种行为是一种处置或支配。叶向阳(2004)[4]认为"把"字句的基本语义是致使,所谓"处置"

---

* 本文部分内容已发表。王玉玲,杨春燕,李若南.基于语料库的聋生汉语"把"字句偏误分析[J].中国听力语言康复科学杂志,2024,22(4):369-375.

[1] 朱德熙.语法讲义[M].北京:商务印书馆,1982:189.
[2] 吕文华.对外汉语教学语法探索[M].北京:语文出版社,1994:180.
[3] 王力.中国现代语法[M].北京:商务印书馆,1943:87.
[4] 叶向阳."把"字句的致使性解释[J].世界汉语教学,2004(2):37-38.

实际上是有意志力参与的致使，那些不能用"处置"解释的"把"字句是无意志力参与的致使。

关于"把"字句的类型，汉语本体研究和对外汉语教学界的成果较为丰富，主要从语法结构角度进行分类，也有的研究兼顾语义功能。如吕文华（1994）[①]将语义和句型结合分为6类语义类型和19种句法类型，赵淑华、刘社会、胡翔（1997）[②]分为32种句型，李英、邓小宁（2005）[③]归为15种类型，黄自然、肖奚强（2012）[④]分为状动式、动宾式、动体式、致使式5大类12小类。聋生"把"字句类型研究目前仅见吕会华、李晗静、房艳红（2023）[⑤]的研究，发现聋人大学生共产出11种"把"字句句型。

二、"把"字句偏误研究及研究思路

目前还没有基于语料库的义务教育阶段聋生"把"字句偏误分析，有一篇经验式总结和一篇基于语料库的聋人大学生"把"字句研究文章。曹锦晖（2009）[⑥]对从聋生作业中获得的95个"把"字句的偏误做了举例式的分析，将"把"字句分为不需用而用、句子成分偏误、助词及否定词偏误、当用而不用四类；偏误成因归为：语义逻辑关系理解混乱、手语干扰、回避策略；建议改进教材，提高教师对"把"字句的深入认识和在教学上的主动性。吕会华、李晗静、房艳红（2023）[⑦]基于语料库进行研究，发现聋人大学生使用"把"字句的比例和偏误比例均高于听人大学生和韩国大学生；偏误包括遗漏（36%）、冗余（16.6%）、误代（42.7%）、错序（4.6%）四类；没有原因分析与教学建议。这两种研究为聋生"把"字句偏误分析研究奠定了重要的基础，但偏误分类或者标准不一致，或者较为宽泛；可

---

① 吕文华.对外汉语教学语法探索[M].北京：语文出版社，1994：180.
② 赵淑华，刘社会，胡翔.单句句型统计与分析[J].语言教学与研究，1997（2）：69-73.
③ 李英，邓小宁."把"字句语法项目的选取与排序研究[J].语言教学与研究，2005（3）：50.
④ 黄自然，肖奚强.基于中介语语料库的韩国学生"把"字句习得研究[J].汉语学习，2012（1）：71-79.
⑤ 吕会华，李晗静，房艳红.聋人汉语书面语研究：以语料库为基础[M].北京：华夏出版社，2023：115-139.
⑥ 曹锦晖.聋生"把"字句习得偏误分析[J].南京特教学院学报，2009，6（2）：56-59.
⑦ 吕会华，李晗静，房艳红.聋人汉语书面语研究：以语料库为基础[M].北京：华夏出版社，2023：121-126.

能受篇幅限制，原因和建议或者不够具体，或者没有；没有对不同类型的聋生进行差异分析。

"把"字句是汉语特有的一种句式，是外国学生和中国少数民族学生学习的重点、难点，同样也是聋生学习的重点、难点。由于听力障碍和语言环境存在特殊性，聋生在学习"把"字句时，应该既有第二语言学习者的共性，又有自身的特殊性。义务教育阶段聋生的语言可能还处于动态发展之中，情况更为复杂，有必要基于语料库对其"把"字句的偏误类型进行更为详尽地描述，对不同年级和不同语言类型的个体差异情况进行统计，对原因做更为具体地分析，从而得出更为具体的教学建议。

第2节 聋生"把"字句的偏误类型

一、总体情况

本语料库对聋生使用的汉语特殊句式进行了人工标注，共有"把"字句496句。其中正确句207个，占"把"字句总数的41.73%；偏误句289个，占"把"字句总数的58.27%。在289个偏误句中，该用未用77句，占"把"字句偏误总数的26.64%；不该用而用22句，占"把"字句偏误总数的7.61%；内部偏误190句，占"把"字句偏误总数的65.75%（详见表2.1）。

表2.1 聋生"把"字句偏误类型分布

	该用未用	不该用而用	内部偏误	总计
数量（句）	77	22	190	289
比例	26.64%	7.61%	65.75%	100%

需要说明的是，词语层面的偏误（如把"埋葬"写成"埋土"），不视为"把"字句语法偏误。另外，聋生语料中状语多余（2处）、状语残缺（2处）、定语顺序（3处）虽然属于语法偏误，但并不是"把"字句本身的语法问题，也不视为"把"字句语法偏误。

二、聋生"把"字句偏误类型

（一）该用未用

"该用未用"是指在汉语母语者一般会使用"把"字句的情况下，聋生未用"把"字句的中介语现象。该类偏误共 77 句，偏误率从高到低依次为："把"字残缺（51/66.23%）、"把"字词语误用（17/22.08%）、句式误用（9/11.69%），详见表 2.2。

表 2.2　聋生"把"字句"该用未用"的偏误类型及其分布

一级偏误	二级偏误	三级偏误	数量	合计数量	合计比例
该用未用	"把"字残缺	单纯缺"把"字	8	51	66.23%
		缺"把"字及其宾语	11		
		缺"把"字且存在其他偏误	16		
		缺"把"字及其宾语且存在其他偏误	16		
	"把"字词语误用	将"把"字误用为其他介词	8	17	22.08%
		将"把"字误用为动词	8		
		将"把"字误用为连词	1		
	句式误用	该用"把"字句，误用为"被"字句	3	9	11.69%
		该用"把"字句，误用为一般动词谓语句	2		
		该用"把"字句，误用为连动句	1		
		该用"把"字句，误用为兼语句	1		
		该用"把"字句，误用为双宾语句	1		
		句式杂糅	1		
	合计		77	77	100%

1. "把"字残缺

"把"字残缺是指由缺少"把"字及其他问题导致偏误的中介语现象，分为四种情况：单纯缺"把"字、缺"把"字及其宾语、缺"把"字且存在其他偏误、缺"把"字及其宾语且存在其他偏误。

（1）单纯缺"把"字

单纯缺"把"字是指增加"把"字就是正确的"把"字句的情况。此类偏误共8句。

例1　爸爸说："【　】被子带回家吧。"

例1增加"把"字就是正确的"把"字句。

（2）缺"把"字及其宾语

该偏误是指不仅缺少"把"字，而且缺少"把"字的宾语，共11句。

例2　人们【　】【　】扔在地上，随便吐痰。

例2由于缺少"把"字及其宾语，语义不明，正确的表达为"人们把垃圾扔在地上"。

（3）缺"把"字且存在其他偏误

该偏误共16句。

例3　仇老师【　】的玻理杯放到讲桌【　】。

例3除缺"把"字外，还存在其他偏误：多助词"的"、缺方位名词"上"。应为"仇老师把玻璃杯放到讲桌上"。

（4）缺"把"字及其宾语且存在其他偏误

该偏误共16句。

例4　炒好了后，把锅拿起【　】【　】倒【　】白色圆圆的盆里。

例4前半句不该用而用；后半句该用未用，缺少"把"字及其宾语"菜"，同时缺少动词"进"。正确的表达应该是："炒好后，拿起锅，把菜倒进白色的圆盘里。"

2."把"字词语误用

"把"字词语误用是指将"把"字误用为其他词语导致偏误的中介语现象，包括误用为介词、动词、连词三种情况。

（1）将"把"字误用为其他介词

该偏误共8句，误用的介词包括"用"（4句）、"给"（2句）、"从"（2句），可能同时合并其他偏误。

例5　我用两只手合说："阿佛阿佛！"

例6　火辣辣的太阳炙烤着大地，都快给我烤熟了。

例5、例6分别将"把"字误用为介词"用""给"。例6是所有语料中仅有的2个非生物体做主语的致使类的"把"字句之一。

（2）将"把"字误用为动词

该偏误共8句，误用的动词包括"拿"（5句）、"帮"（1句）、"放"（1句）、"看"（1句），可能同时合并其他偏误。

例7　我**拿**小贝壳泡一泡。

例8　我和弟弟去**帮**姥姥扶过来。

例7、例8分别将"把"字误用为动词"拿""帮"。由于词语误用，将"把"字句表述为错误的连动句，但这些句子本质上是词语误用产生偏误，而不是句式误用。

（3）将"把"字误用为连词

该偏误有1句。

例9　小白蛇**和**海力布带去龙宫了。

例9该用"把"字，误用为连词"和"。

3. 句式误用

句式误用是指将"把"字句误用为其他句式的中介语现象，包括误用为"被"字句、一般动词谓语句、连动句、兼语句、双宾语句，以及句式杂糅导致的偏误等情况。

例10　小雨**被**我和爷爷的衣服湿了。

例11　于是特意的拍**下来了**他们。

例12　我们准备抬两盒大箱子送到车上。

例13　脚让球【　】**进去**中间。

例14　她给周 X 乒乓球。

例15　仇老师抱着可怜的小狗带回家了。

例10，误用为"被"字句，正确表达应为"小雨把我和爷爷的衣服淋湿了"，是仅有的2个非生物体做主语的致使类的"把"字句之一。例11，误用为一般动词谓语句，应为"于是我特意把他们拍下来了"。例12，误用为连动句，应为"我们准备把两个大箱子抬到车上"。例13，误用为兼语句，应为"用脚把球踢进两腿中间"。例14，误用为双宾语句，应为"她把乒乓球给了周 X"。例15，"把"字句和连动句的句式杂糅，应为"仇老师把可怜的小狗带回家了"，或者"仇老师抱着可怜的小狗回家了"。

（二）不该用而用

"不该用而用"是指在汉语母语者一般不会使用"把"字句的情况下，聋生使用了"把"字句的中介语现象。偏误率从高到低依次为："把"字词语误用（15/68.18%）、句式误用（5/22.73%）、"把"字多余（2/9.09%），详见表2.3。

表2.3 聋生"把"字句"不该用而用"的偏误类型及其分布

一级偏误	二级偏误	三级偏误	数量	合计数量	比例
不该用而用	"把"字多余	单纯多"把"字	2	2	9.09%
	"把"字词语误用	该用其他介词而误用为"把"字	14	15	68.18%
		该用动词而误用为"把"字	1		
	句式误用	该用连动句而误用为"把"字句	3	5	22.73%
		该用兼语句而误用为"把"字句	1		
		该用带状语的动词谓语句而误用为"把"字句	1		
	合计		22	22	100%

1. "把"字多余——单纯多"把"字

该偏误只有一种情况，就是单纯多"把"字，去掉"把"字就是正确的句子。此类偏误共2句。

例16 快**把**拿水杯去给花浇水。

例16去掉"把"字，就是一个正确的连动句"快拿水杯去给花浇水"。

2. "把"字词语误用

该偏误是指该用其他词语而误用为"把"字的中介语现象，包括该用其他介词和该用动词两种情况。

（1）该用其他介词而误用为"把"字

该偏误共14句，包括两种情况：该用"用"字而误用为"把"字（11句），该用"在"字而误用为"把"字（3句）。

例 17　党 XX 没看见，把冰壶撞我的脚趾。

例 18　我把头巾写上三个字："奋斗吧！"

例 17、例 18 分别该用"用"字和"在"字，误用为"把"字。

（2）该用动词而误用为"把"字

该偏误是指该用其他动词而误用为"把"字的中介语现象，只有 1 句。

例 19　我把【】这本书问姐："我想要这本书。"

例 19 该用动词"拿"而误用为"把"，在动词之后缺少时态助词"着"或者趋向动词"起"，正确句为"我拿起这本书对姐姐说……"

3. 句式误用

该偏误是指该用其他句式而误用"把"字句，包括该用连动句而误用为"把"字句（3 句）、该用兼语句而误用为"把"字句（1 句）、该用带状语的动词谓语句而误用为"把"字句（1 句）。

例 20　大姨开始发火，把棒子打死我。

例 21　（政府）把命令告诉游戏创造者让游戏增加时间限制。

例 22　且把日记写得要有毅力。

例 20，前半句有"开始"一词，强调动作的发生而不是结果，不应使用带程度补语的"把"字句，应该用表示连续动作的连动句，并且第一个动作要加上趋向动词，应为"大姨开始发火，拿起棒子打我"。例 21，"游戏创造者"既是"命令"的对象，又是"增加时间限制"行为的发出者，应该用兼语句来表达，即"（政府）命令游戏创造者增加时间限制"。例 22，强调的是要有毅力、坚持不懈地写日记，不是对日记本的处置，所以不应该用"把"字句，而该用状中关系的动词谓语句，即"而且要有毅力地写日记"。

（三）内部偏误

"内部偏误"是指在汉语母语者一般会使用"把"字句的情况下，聋生使用了"把"字句，但存在一些语法偏误的中介语现象。

在一个"把"字句中可能存在多处偏误，同类偏误只算 1 处偏误。190 句内部偏误中共存在 236 处"把"字句语法偏误，偏误率从高到低依次为：句子成分偏误（103/54.21%）、词语偏误（108/56.84%）、语序偏误（25/13.16%），详见表 2.4。

表 2.4 聋生"把"字句内部偏误类型及其分布

一级偏误	二级偏误	三级偏误	四级偏误	数量	比例
内部偏误	句子成分偏误 103/54.21%	宾语偏误 32/16.84%	宾语残缺	14	7.37%
			宾语修饰语残缺	9	4.74%
			宾语多余	9	4.74%
		主语偏误 28/14.74%	主语残缺	26	13.68%
			主语或主语中心语多余	2	1.05%
		述语偏误 25/13.16%	述语残缺	23	12.11%
			述语多余	2	1.05%
		补语偏误 18/9.47%	缺"到""进""成"等动词做补语	8	4.21%
			缺其他补语成分	10	5.26%
	语序偏误 25/13.16%	句子成分顺序偏误 16/8.42%	宾语顺序偏误	7	3.68%
			状语顺序偏误	5	2.63%
			定语顺序偏误	4	2.11%
		词语顺序偏误 9/4.74%	词语顺序偏误	9	4.74%
	词语偏误 108/56.84%	助词偏误 51/26.84%	缺助词	39	20.53%
			多助词	10	5.26%
			助词误用	2	1.05%
		方位名词偏误 20/10.53%	缺方位名词	10	5.26%
			多方位名词	9	4.74%
			方位名词误用	1	0.53%
		动词偏误 21/11.05%	趋向动词误用	15	7.90%
			其他一般动词误用	6	3.16%
		介词偏误 11/5.79%	缺介词	8	4.21%
			介词误用	3	1.58%
		其他 5/2.63%	词性误用	3	1.58%
			搭配不当	2	1.05%
合计				236	

说明：一个句子中可能有多处偏误，190句共计236处偏误，比例=各类偏误数量/内部偏误总句数，因此比例总和大于100%。

1. 句子成分偏误

该偏误是指由句子成分残缺或多余造成"把"字句偏误的中介语现象，共103句，占内部偏误总数的54.21%。偏误率从高到低依次为：宾语偏误（32/16.84%）、主语偏误（28/14.74%）、述语偏误（25/13.16%）、补语偏误（18/9.47%）。其中句子成分残缺（90/47.37%）的比例远高于句子成分多余（13/6.84%）。

（1）宾语偏误

该偏误共32句，包括三种情况：宾语残缺（14/7.37%）、宾语修饰语残缺（9/4.74%）和宾语多余（9/4.74%）。

例23　地面还有灰尘，我把【】扫干净。（缺"地"）

例24　仇老师把杯子【】喝了。（缺"里的水"）

例25　仇老师把一块块【】给同学。（缺"鱿鱼"）

例26　绝不能把它带到房山区里传染【】。（缺"其他人"）

宾语残缺包括三种情况：（1）缺少"把"字宾语（3句），如例23应为"我把地扫干净"；（2）"把"字宾语的中心语不完整（10句），如例24、例25应为"仇老师把杯子里的水喝了""仇老师把一块块鱿鱼分给同学们"；（2）非"把"字宾语残缺（1句），如例26应为"绝不能把它带到房山区传染其他人"。

例27　中国把【】物品转给任何国家用。（缺"抗疫"）

例27缺少宾语修饰语，造成语义不明，应为"中国把一些抗疫物品赠送给了其他国家"。需要说明的是，"把"字宾语的定语成分不完整，这种情况不属于此类偏误，比如"爸爸把辛辛苦苦【】的钱给大夫"不计入其中。

例28　把秘密的事情说出去了。（"的事情"多余）

例29　是不是把我们游泳快累死我。（"我"多余）

宾语多余包括两种情况。第一种情况为"把"字宾语中心语多余（1句），如例28，"的事情"多余，应删除。因为此句中"秘密"为名词，含义为"秘密的事情"，"的事情"与其语义重复。第二种情况为非"把"字宾语多余（8句），如例29，"我"字多余，正确的表达应为"游泳是不是快把我们累死了"。

（2）主语偏误

该偏误包括两种情况：主语残缺（26/13.68%）、主语或中心语多余（2/1.05%）。

例30　今天下午上体育课的时候，【】把腿摔伤了。（缺"我"）

主语残缺指的是应该有主语但没有,造成语义不明,不包括承前省略主语的情况。省略的主语一类为"我"(17句),另一类为"他"(9句)。如例30由于缺少主语,不清楚腿摔伤的主体是谁,应补足主语"我"。

例31　我换衣服好了,我把密码锁好了,我们进去室内。

例32　秋天的日子把所有的水果和菜都熟了。

主语或中心语多余有两种情况。一种为主语多余,如例31,三个单句都由同一主体发出动作,主语只出现一次即可,应删掉后面的两个主语"我"和"我们"。另一种为主语中心语多余,如例32,有主语但中心语多余,"秋天"本身就有"日子"的内涵,应删去"的日子"。

（3）述语偏误

该偏误共25句,包括两种情况:述语残缺(23/12.11%)、述语多余(2/1.05%)。

例33　狐狸正准备把小猪【　】进烤炉。(缺"放")

例34　必须把腰【　】就不疼了。(缺"治好")

述语残缺包括两种情况。情况一,只缺述语(20句),如例33,增加述语"放"就是正确句。情况二,缺述语的同时缺其他复杂成分(3句),如例34,缺述语的同时缺结果补语,应为"必须把腰治好"。

例35　我把脑子变震傻。

例35是述语多余,"变"与"震"语义重复,应为"我把脑子震傻了"。

（4）补语偏误

该偏误包括两种情况:句中缺"到""进""成"等动词做补语(8/4.21%)、缺其他补语成分(10/5.26%)。

例36　我看见马X把纸刮【　】地上。(缺"到")

例37　我把乐高拼装【　】奇怪的飞机。(缺"成")

在"把"字句两种常见的句型"N1+把+N2+V+在/到/进+N3""N1+把+N2+V成+N3"中,"到""进""成"等做补语,不可缺少。如例36、例37分别缺少"到"和"成",导致补语残缺。

例38　我用白纸把蛋糕包装【　】。(缺"好")

例39　妈妈把棉签沾【　】消毒液。(缺"上")

例40　要把疫情给我们腾出的时间用在有意义【　】。(缺"的事情上")

缺其他补语成分是指缺少除"到""进""成"之外的其他补语，此类偏误共10句，包括结果补语缺失（6句）、趋向补语缺失（2句）、动量补语缺失（1句）、做补语的介宾短语不完整（1句）。例38、例39分别缺少结果补语"好"和趋向补语"上"。例40有补语但补语不完整，缺少介宾短语的中心语"的事情"及方位名词"上"。

2. 语序偏误

语序偏误是指由句子成分或词语顺序问题导致偏误的中介语现象。该偏误共25句，占内部偏误总数的13.16%。偏误率从高到低依次为：词语顺序偏误（9/4.74%）、宾语顺序偏误（7/3.68%）、状语顺序偏误（5/2.63%）、定语顺序偏误（4/2.11%）。

（1）宾语顺序偏误

该偏误是指由"把"字宾语顺序不当导致"把"字句偏误的中介语现象。

例41　他把放**椅子**【】外公的门外。

例42　我把包子掏出**菜**扔在盘子里。

例43　晚上妈妈把锅【】开**热水**。

例44　一会儿把老师公布**结果**。

例41，"把"字的宾语"椅子"应在述语之前而误放在述语之后，缺介词"在"，应为"他把椅子放在外公的门外"。例42和例43，"把"字的宾语（"菜""热水"）应在述语之前而误放在述语之后，同时存在其他偏误，应为"我把包子菜（包子馅儿）掏出来扔在盘子里""晚上妈妈把锅里的热水烧开"。例44，"把"字的宾语不仅在述语之前，还在主语之前，应为"一会儿老师会把结果公布"。

（2）状语顺序偏误

该偏误是指由状语顺序不当导致"把"字句偏误的中介语现象。

例45　我把这个饺子要给我奶奶去。

例46　是不是把我们游泳快累死我。

该偏误包括两种情况。情况一，多重状语顺序有误（4句），如例45，能愿动词"要"做状语，应在"把"字的宾语之前，应为"我要把这个饺子给我奶奶送去"。情况二，"把"字及其宾语顺序有误（1句），如例46，"把"字及其宾语错误地放在主语之前，应为"是不是游泳快把我们累死了"。

(3) 定语顺序偏误

该偏误是指由定语顺序不当导致"把"字句偏误的中介语现象。

例47 然后再把油一点放进锅里。

例48 不如把小猪带我回家。

该偏误包括两种情况。情况一，修饰"把"字宾语的定语误放在所修饰词语的后面（3句），如例47，定语"一点"作为"油"的修饰语应该放在"油"的前面，应为"然后再把一点儿油放进锅里"。情况二，非"把"字宾语的定语误放在述语的前面（1句），如例48，应为"不如把小猪带回我家"。

(4) 词语顺序偏误

该偏误是指由词语顺序不当导致"把"字句偏误的中介语现象，包括助词"了"（5句）、助词"的"（3句）、方位名词"上"（1句）的语序有误。

例49 我被老师叫到办公室，老师已经把我批评一顿了。

例50 我把奶奶喜欢看戏曲的节目给爷爷和奶奶看。

例51 爸爸把女儿背【】上肩膀。（缺"在"）

例49，助词"了"的位置有误，应为"老师把我批评了一顿"。例50，助词"的"的位置有误，应为"我把奶奶喜欢看的戏曲节目给爷爷和奶奶看"。例51，方位名词"上"的位置有误，应为"爸爸把女儿背在肩膀上"。

3. 词语偏误

词语偏误是指由"把"字句中起到重要语法作用的词语的偏误产生的中介语现象。该偏误共108句，占内部偏误总数的56.82%，包括助词偏误（51/26.84%）、方位名词偏误（20/10.53%）、动词偏误（21/11.05%）、介词偏误（11/5.79%）和其他（5/2.63%）。

(1) 助词偏误

助词偏误共51句，包括缺助词（39/20.53%）、多助词（10/5.26%）、助词误用（2/1.05%）三类。

例52 他把经历【】事告诉【】财官。

例53 妈妈说："能不能把购物车给我下吗？"

例54 他把我打的屁滚尿流。

例52缺少助词"的"与"了"；例53多了语气助词"吗"；例54为助词误用，

"得"误用为"的"。

（2）方位名词偏误

方位名词偏误共 20 句，包括缺方位名词（10/5.26%）、多方位名词（9/4.74%）、方位名词误用（1/0.53%）三种情况。

例 55　我们把外公的东西放在外面的箱子【　】。

例 56　我把自己的衣服挂在腰间上。

例 57　把西红柿放上锅上炒一下。

例 55，缺失方位名词"里"；例 56，多方位名词，应删去"间"或"上"；例 57，趋向动词和方位名词"上"都存在误用，应为"把西红柿放进锅里炒一下"。

（3）动词偏误

动词偏误共 21 句，包括趋向动词误用（15/7.90%）和其他一般动词误用（6/3.16%）两种情况。

例 58　切好了后，把西红柿收下来。

例 59　妈妈就把我叫醒来。

趋向动词误用中有 5 句是趋向动词之间的误用，如例 58，"下来"应为"起来"；还有 1 句是应使用助词而误用为趋向动词，如例 59，"来"应为"了"。

例 60　两个医生把姥爷躺在床。

其他一般动词误用只有一种情况，即应使用及物动词，但使用了非及物动词。如例 60，应为"两个医生把姥爷放在床上"。

（4）介词偏误

介词偏误共 11 句，包括缺介词（8/4.21%）和介词误用（3/1.58%）两种情况。

例 61　我们把蛋糕放【　】王 XX 的桌上。

例 62　农民高兴把锄放在地上。

缺介词包括缺"在"（6 句）、"给"（2 句），如例 61，缺介词"在"。介词误用如例 62，应用动词"到"而误用为介词"在"。

（5）其他

其他偏误共 5 句，包括词性误用（3/1.58%）和搭配不当（2/1.05%）两种情况。

例 63　我把所有干活都担着，让父母去休息。

例 64　我要把英语学习打好。

词性误用是指"把"字的宾语应用名词性词语,但误用为动词性词语,如例63,动词"干活"应为名词词语"活儿"。搭配不当是指"把"字的宾语和述语不搭配,如例64,应为"我要把英语学习基础打好",或"我要把英语学习搞好"。

第3节 聋生"把"字句的偏误分布

一、不同学段聋生的"把"字句偏误差异分析

从表2.5可见,各年级聋生"把"字句的使用频率和正确率从高到低依次为:七年级、三~六年级、八年级、九年级。七年级聋生的正确率最高,为48.15%,远未达到掌握的程度。

"把"字句"不该用而用"的使用频率在三~六年级与七年级相同,在八年级、九年级依次降低,说明聋生对何时应该使用"把"字句的意识随着年级的增高而增强。"该用未用"的使用频率在三~六年级、七年级、八年级依次降低,但九年级高于八年级。相应地,"内部偏误"的使用频率随着年级的升高而增高,但九年级为各学段最低。

分析九年级聋生"把"字句"该用未用"的偏误情况,发现九年级聋生有3种句型在三~六年级聋生"该用未用"的语料中没有出现:"主语+把+宾语1+动词+成/作/为+宾语2(系事宾语)""主语+把+宾语+动词+了""主语+把+宾语+成语",共6句,占九年级聋生"该用未用"偏误总数的28.57%,以此判断九年级聋生"该用未用"偏误的增加可能与新句型的出现有关。

表2.5 各学段聋生"把"字句偏误类型分布

年级	正确句	偏误句	使用频次	使用频率(%)	正确率(%)	偏误情况		
						不该用而用 频次/频率(%)	该用未用 频次/频率(%)	内部偏误 频次/频率(%)
三~六年级(字数48817)	52	61	94	0.1926	46.02	6/0.0123	19/0.0389	36/0.0737

（续表）

年级	正确句	偏误句	使用频次	使用频率（%）	正确率（%）	偏误情况 不该用而用 频次/频率（%）	偏误情况 该用未用 频次/频率（%）	偏误情况 内部偏误 频次/频率（%）
七年级（字数65064）	78	84	142	0.2182	48.15	8/0.0123	20/0.0307	56/0.0861
八年级（字数51393）	37	65	90	0.1751	36.27	4/0.0078	12/0.0233	49/0.0953
九年级（字数75176）	27	64	70	0.0931	29.67	4/0.0053	21/0.0279	39/0.0519
未知年级	13	15					5	10
合计	207	289				22	77	190

注：使用频次＝正确句＋不该用而用＋内部偏误；使用频率＝各学段使用频次／各学段语料字数

表2.6统计了内部偏误各种类型在各学段的比例。句子成分偏误在各学段的占比是逐渐降低的，八年级有小幅回升。而语序偏误的占比却逐渐增加，九年级略有回落。句子成分偏误中，在三~六年级、七年级占比偏高的是宾语偏误和述语偏误，而在八年级、九年级则是主语偏误。词语偏误中，在三~六年级助词偏误、动词偏误、介词偏误的比例相当，方位名词偏误的比例略低；在七年级助词偏误的比例增大，其次为方位名词偏误；在八年级和九年级助词偏误的比例依然最高，动词偏误的比例相对增加。说明助词学习一直是各年级学生的难点，趋向动词随着学生年级升高，使用数量增加，偏误也相应增加。

表2.6 各学段聋生"把"字句内部偏误类型分布

一级偏误	二级偏误	三~六年级 数量	三~六年级 比例	七年级 数量	七年级 比例	八年级 数量	八年级 比例	九年级 数量	九年级 比例	未知年级 数量	合计
句子成分偏误	宾语偏误	9	20.00%	10	15.15%	6	10.17%	5	9.26%	2	32

（续表）

一级偏误	二级偏误	三~六年级 数量	比例	七年级 数量	比例	八年级 数量	比例	九年级 数量	比例	未知年级 数量	合计
	主语偏误	1	2.22%	4	6.06%	13	22.03%	9	16.67%	1	28
	述语偏误	9	20.00%	10	15.15%	2	3.39%	4	7.41%	0	25
	补语偏误	6	13.33%	3	4.55%	4	6.78%	3	5.56%	2	18
	小计	25	55.56%	27	40.91%	25	42.37%	21	38.89%	5	103
语序偏误	语序偏误	1	2.22%	6	9.09%	10	16.95%	8	14.81%	0	25
词语偏误	助词偏误	5	11.11%	14	21.21%	16	27.12%	11	20.37%	5	51
	方位名词偏误	3	6.67%	9	13.64%	2	3.39%	4	7.41%	2	20
	动词偏误	5	11.11%	5	7.58%	5	8.47%	6	11.11%	0	21
	介词偏误	5	11.11%	4	6.06%	1	1.69%	1	1.85%	0	11
	其他	1	2.22%	1	1.52%	0	0.00%	3	5.56%	0	5
	小计	19	42.22%	33	50.00%	24	40.68%	25	46.30%	7	108
	合计	45		66		59		54		12	236

注：本表的数量为处数，不是句数，一个句子中可能有多处偏误；比例＝各学段偏误数／各学段偏误总数

二、不同语言类型聋生的"把"字句偏误差异分析

本研究采用三角验证法对手语和口语中哪个语言为聋生的相对优势语言进行判断，将聋生分为五种类型：手口均优、手语优势、口语优势、手口一般、手口均差。从表2.7可见，各语言类型聋生的"把"字句使用频率从高到低依次为：手口均差、手口均优、口语优势、手口一般、手语优势；正确率从高到低依次

为：手口均优、口语优势、手口一般、手语优势、手口均差。可见，聋生口语越好，"把"字句掌握得就越好。这一顺序基本是口语能力从高到低的顺序，也是受听力障碍影响从低到高的顺序。说明听力障碍影响越小，聋生"把"字句掌握得越好。

表2.7　各语言类型聋生"把"字句偏误类型分布

语言类型	正确句	偏误句	使用频次	使用频率（%）	正确率（%）	不该用而用	内部偏误
手口均优（字数24501）	38	38	70	0.2857	50.00	2	30
口语优势（字数82125）	70	87	134	0.1632	44.59	8	56
手语优势（字数118808）	64	108	135	0.1136	37.21	6	65
手口均差（字数16514）	20	38	53	0.3209	34.48	3	30
手口一般（字数21222）	13	18	25	0.1178	41.94	3	9
未知类型	2						
合计	207	289				22	190

注：使用频次=正确句+不该用而用+内部偏误；使用频率=各语言类型使用频次/各语言类型语料字数

不同语言类型聋生的"把"字句在不同内部偏误类型占比上也有所不同。口语较好（手口均优和口语优势）的聋生偏误率最高的是词语偏误；口语不好（手语优势、手口均差、手口一般）的聋生偏误率最高的是句子成分偏误。不同语言类型在语序偏误占比上从高到低依次为：手口均优、手语优势、手口一般、手口均差、口语优势。聋生的手语越好，语序偏误的比例相对越高。

表2.8　各语言类型聋生"把"字句内部偏误类型分布

一级偏误	二级偏误	手口均优 数量	手口均优 比例	口语优势 数量	口语优势 比例	手语优势 数量	手语优势 比例	手口均差 数量	手口均差 比例	手口一般 数量	手口一般 比例	合计
句子成分偏误	宾语偏误	2	6.25%	12	17.14%	12	14.63%	5	12.50%	1	8.33%	32
	主语偏误	5	15.63%	5	7.14%	10	12.20%	8	20.00%	0	0.00%	28
	述语偏误	1	3.13%	8	11.43%	10	12.20%	2	5.00%	4	33.33%	25

（续表）

一级偏误	二级偏误	手口均优 数量	手口均优 比例	口语优势 数量	口语优势 比例	手语优势 数量	手语优势 比例	手口均差 数量	手口均差 比例	手口一般 数量	手口一般 比例	合计
	补语偏误	0	0.00%	7	10.00%	6	7.32%	4	10.00%	1	8.33%	18
	小计	8	25.00%	32	45.71%	38	46.34%	19	47.50%	6	50.00%	103
语序偏误	语序偏误	6	18.75%	5	7.14%	10	12.20%	3	7.50%	1	8.33%	25
词语偏误	助词偏误	14	43.75%	11	15.71%	16	19.51%	9	22.50%	1	8.33%	51
	方位名词偏误	1	3.13%	11	15.71%	4	4.88%	3	7.50%	1	8.33%	20
	动词偏误	2	6.25%	7	10.00%	7	8.54%	3	7.50%	2	16.67%	21
	介词偏误	1	3.13%	3	4.29%	5	6.08%	2	5.00%	0	0.00%	11
	其他	0	0.00%	1	1.43%	2	2.44%	1	2.50%	1	8.33%	5
	小计	18	56.25%	33	47.14%	34	41.46%	18	45.00%	5	41.67%	108
	合计	32		70		82		40		12		236

注：本表的数量为处数，不是句数，一个句子中可能有多处偏误；比例＝各语言类型偏误数/各语言类型偏误总数

第 4 节 聋生"把"字句的偏误原因

一、听力障碍与教学支持不足的影响

曹锦晖（2009）[①]认为回避策略是聋生"把"字句产生偏误的重要原因，当聋

[①] 曹锦晖. 聋生"把"字句习得偏误分析[J]. 南京特教学院学报, 2009, 6（2）: 56-59.

生没有把握使用"把"字句句式时，就选择回避。张宝林（2010）[1]研究外国学生"把"字句偏误问题，认为他们是更少地使用而非有意识地回避，并非是一种有意识的学习策略，而是一种偏误，是无意识的缺失。我们认同张宝林的观点。

聋生是否回避使用"把"字句，要和汉语母语者进行比较。聋生"把"字句的总使用频次为419，总使用频率为0.1582%*；汉语母语者的使用频率为0.0754%～0.0767%，外国学生的使用频率为0.092%，聋生"把"字句的使用频率是汉语母语者的2.06～2.10倍，是外国学生的1.72倍（见表2.9）。这个数据说明聋生不仅没有回避使用"把"字句，反而倾向更多地使用。

表2.9 聋生与汉语母语者、外国学生"把"字句使用频率对照[2]

类别	使用频率（%）	偏误率（%）	偏误比例 该用未用比例（%）	偏误比例 不该用而用比例（%）
聋生	0.1582	58.27	26.64	7.61
外国学生	0.092	12.52	35.79	34.92
汉语母语者	0.0754～0.0767			

然而，聋生很多时候并不知道什么时候该用"把"字句："该用未用"和"不该用而用"偏误占全部偏误的34.25%；其中，聋生"该用未用"和"不该用而用"之间的差距（26.64%/7.61%）远高于外国学生（35.79%/34.92%）。并且，聋生使用"把"字句的偏误率（58.27%）也远高于外国学生（12.52%）。

造成聋生"把"字句偏误的原因，既有学习者在二语学习上的普遍问题，也有聋生由自身特殊性产生的特殊问题。有研究发现，与初中聋生汉语书面语表达能力相关的影响因素有听力因素、康复因素、口语因素、手语因素、阅读因素、学习态度、父母与学生的汉语言交流等。[3] 相对于汉语母语者和外国学生，聋生的

---

[1] 张宝林.回避与泛化——基于"HSK动态作文语料库"的"把"字句习得考察[J].世界汉语教学，2010（2）：263-278.

* 总使用频次 = "把"字句总数 – "该用未用"句数，即496-77=419；总使用频率 = 总使用频次 / 总语料字数 =419/264826=0.1582%。

[2] 汉语母语者和外国学生"把"字句使用频率数据来源：张宝林.回避与泛化——基于"HSK动态作文语料库"的"把"字句习得考察[J].世界汉语教学，2010（2）：263-278.

[3] 赵蓬欣.教育优质均衡发展的实践与探索：西城区"十二五"优秀教育教学研究成果集[M].北京：中国书籍出版社，2016：212-225.

特殊性在于存在听力障碍。听力障碍导致聋生虽然在汉语的环境中生活，但并不能像汉语母语者一样自然习得汉语，也不能像外国学生一样借助听说的方式学习汉语，而是更多地依赖汉语书面语的学习，对汉语教学和汉语学习环境有较强的需求。本研究认为，聋生"把"字句的学习效果不佳，需要对其进行针对性的教学。而目前我国聋生课程、教材、教法与汉语母语学生类似，不像第二语言学习者有如国际中文等专业的汉语语法课程。

总的来看，聋生对"把"字句的学习远未形成学习策略，其"回避"是能力不佳的一种表现。听力障碍与教学支持不足是聋生"把"字句以及其他特殊句式学习效果不佳的重要原因。

二、"把"字句的语义特征与句法结构复杂性

张宝林（2014）[1]认为，"把"字句是汉语特有的语言现象，偏误产生的根本原因是汉语和其他语言在句子类型上的不匹配、不对应；直接原因是第二语言学习者对"把"字句的使用规则没有充分掌握，即目的语知识不足。要掌握"把"字句，有哪些重点需要掌握？对聋生而言又存在什么样的难点呢？

本研究发现，聋生在"把"字句的使用上容易忽略的句法特点有：结构上"把"字及其宾语在谓语前、宾语有定性、谓语复杂性以及谓语和宾语关系的复杂性。此外，聋生对"把"字句的下位句型不熟悉，整体语言水平不高也是产生"把"字句偏误的重要原因。

朱德熙（1982）[2]认为，与"把"字句关系最密切的不是"主—动—宾"句式，而是受事主语句，绝大部分"把"字句去掉"把"字后剩下的部分正是受事主语句，例如：把衣服都洗干净了／衣服都洗干净了。而聋生最早学习的是"主—动—宾"句式，受其影响较深，容易产生"他把放椅子外公的门外"（例41）、"一会儿把老师公布结果"（例44）这类语序偏误。此类宾语顺序偏误共7句，占句子成分顺序偏误总数的43.75%，是句子成分顺序偏误中数量最多的一类。

"把"字句宾语"有定说"是指"把"字句的宾语必须是听话人可以理解的、

---

[1] 张宝林，等.基于语料库的外国人汉语句式习得研究[M].北京：中国书籍出版社，2014：22.
[2] 朱德熙.语法讲义[M].北京：商务印书馆，1982：188.

确定的事物。① 不了解"把"字句的有定性，聋生会产生类似"中国把【 】物品转给任何国家用"（例 27）这类缺少必要定语的偏误（包括缺少代词）。此类偏误共 9 句，占宾语偏误总数的 28.13%。

"把"字句的谓语经常是复杂的，在谓语动词后常紧接着一些其他成分，如结果补语、趋向补语、动量补语等。聋生类似"我用白纸把蛋糕包装【 】"（例 38）这类补语残缺的偏误句共 18 句，占句子成分偏误总数的 17.48%，且涵盖多种补语（结果补语、趋向补语、动量补语、带介词的补语），说明聋生对谓语复杂性认识不足具有普遍性。

"把"字句中谓语与宾语的关系也是较为复杂的，而且结构的复杂性和语义功能是相互关联的。范晓（1998）② 发现"把"字句的语义成分配置是由进入谓语核心的动词具有不同的价决定的，不同价的动词使得"把"字句的基本语义结构不同。比如一价动词有一个语义结构模式为"动核＋施事＋处所"（"他把整个南京城走遍了"），二价动词有一个语义结构模式为"动核＋施事＋受事"（"我们把敌人消灭了"）。偏误句"两个医生把姥爷躺在床"（例 60）属于"动核＋施事＋受事"的语义结构模式，应该选用二价动词（如"放""抬"等），但误用一价动词（"躺"）。聋生之所以产生此类偏误，是对"把"字句不同语义类型和所需要的动词性质不清楚，同时也可能分不清"躺"与"放"在语法功能上的差异。

"把"字句的下位句型较多，聋生对各句型缺乏了解，也是产生偏误的重要原因。吕文华（1994）③ 将"把"字句分为 6 类语义类型和 19 种句法类型，赵淑华、刘社会、胡翔（1997）④ 分为 32 种句型。而大学聋生在"把"字句上仅有 11 种句型产出⑤，与已有研究句型的种类差距较大。本研究也看到，聋生在各类"把"字句的使用上并不均衡，处置类的使用远多于致使类，且正确率相对更高。表示致使类的非生物体做主语的句子只有 2 句，且均为偏误句（例 6、例 10）。

此外，聋生整体汉语言水平不高也对其正确使用"把"字句有较大的影响。

---

① 刘月华，潘文娱，故韡．实用现代汉语语法（第三版）[M]．北京：商务印书馆，2019：726-728．
② 范晓．汉语的句子类型 [M]．太原：书海出版社，1998：150-151．
③ 吕文华．对外汉语教学语法探索 [M]．北京：语文出版社，1994：180．
④ 赵淑华，刘社会，胡翔．单句句型统计与分析 [J]．语言教学与研究，1997（2）：69-73．
⑤ 吕会华，李晗静，房艳红．聋人汉语书面语研究：以语料库为基础 [M]．北京：华夏出版社，2023：115-139．

在 190 个内部偏误句子中，存在 236 处"把"字句语法偏误，如果加上与"把"字句关联不大的偏误会更多。在这 236 处偏误中，主语偏误（14.74%）、语序偏误（13.16%）、词语偏误（56.82%）共占 84.72%，这些偏误并非出于对"把"字句的认识不足，而是由整体汉语言能力不足导致。

三、手语与汉语语法特点的差异

有研究表明，汉语书面语的学习和使用会受到手语经验的制约[1]。手语作为一种视觉语言，与汉语的差异非常大。义务教育阶段聋生，尤其是小学中低年级聋生，同时学习汉语和手语，对两种语言都不熟悉，更容易受到手语的干扰产生负迁移。

1. 手语和汉语词汇并非一一对应

汉语词汇数量远远多于手语词汇，一些汉语词汇在手语中没有对应的手势。

汉语中抽象动词、表特定含义的方位名词、助词、介词等在手语中不存在，形成相对省略，具有空缺性的特点[2]，而这几类在"把"字句词语偏误中的比例恰好较高。手语中较少使用助词，而"手口均优"和"手语优势"两类手语最好的聋生的助词偏误率最高，也印证了手语与汉语之间的差异可能导致聋生在书写"把"字句时产生较多的偏误。

汉语中的一个词可能对应多个手语词汇。手语是典型的视觉性语言，一切有形体的事物都易于用双手模拟出来[3]，模拟对象要具体可知，比如汉语中的"水"在手语中必须是具体的，汉语可以说"把水喝了"，但在手语中必须说明是什么水：杯子里的水、江河水，还是雨水，三种手语是不同的。"把水喝了"默认喝的是杯子里的水，这个句子的手语打法和手语词汇"喝"一样，是手拿杯子喝水的样子（见图 2.1）。聋生可能受此影响写出"仇老师把杯子【 】喝了"（例 24）这种缺少宾语中心语的句子。

---

[1] 郑璇. 浅论手语对聋儿主流语言学习的影响 [J]. 中国听力语言康复科学杂志, 2004（1）: 51-53.
[2] 刘卿, 赵晓驰. 聋人手语会话"省略"特征及对聋人汉语教学的启示 [J]. 现代特殊教育, 2023（4）: 50.
[3] 郑璇. 中国手语如何表达非视觉概念 [M]. 北京: 知识产权出版社, 2011: 3.

汉语中的多个词（词组）在手语中可能对应同一个动作，这个动作可能是手形加上位置、朝向来表达的。其中，手形容易转化为汉语，而位置和朝向在摹写汉语时容易被忽略。例如：自然手语中"放进""刮到"是同一个动作，通过具体的位置来表达进入哪里、刮到哪里，可能导致聋生写出"狐狸正准备把小猪【】进烤炉"（例33缺"放"）、"我看见马X把纸刮【】地上"（例36缺"到"）这样的句子；"传染"在手语中是通过朝向来表达传染谁的，如"传染我"是朝向手语者本人，"传染别人"是朝向其他方向，这可能导致聋生写出"绝不能把它带到房山区里传染【】"（例26）这种缺少宾语的句子。

手语词汇"名动同形"的特点可能产生词性误用类的偏误。在中国手语中，同一个手势，既可以做名词，也可以做动词，还可以作为一个动宾短语或介词短语，比如同一个动作可以表达"足球"，也可以表达"踢足球"，辽宁省聋人协会编写的《手语你我他》称这种情况为"名词代动词现象"，吴铃、谭京生等认为这种现象是中国手语语法的特点[2]，倪兰（2015）[3]称其为"名动同形现象"。聋生写出"我把所有干活都担着"（例63）这样词性误用的句子，用动词"干活"替代名词"活儿"。而手语中"干活"和"活儿"的手势大体是一样的。

手语之间的形似也可能导致词语混用。聋生在"该用未用""把"字词语误用偏误句中将"把"误用为"拿"最多（5/29.41%），在"不该用而用""把"字词语误用偏误句中用"把"替代"用"最多（11/73.33%）。外国留学生也会出现将"把"误用为"拿"或用"把"替代"用"的情况。[4] 可见，这体现了二语习得的共性。其原因可能与"把"字本身是由动词虚化而来有关。介词"把"是从表示"握""持"的含义的动词虚化来的，动词"把"的虚化条件是出现在连动式的第一个动词位置上。[5] 此外，聋生可能受到三个词语的手语手形相似的影响。

---

[1] 此图取自"国家通用手语词典"App。
[2] 吕会华.中国手语语言学[M].北京：知识产权出版社，2019：117-118.
[3] 倪兰.中国手语动词研究[M].上海：上海大学出版社，2015：158-162.
[4] 张宝林，等.基于语料库的外国人汉语句式习得研究[M].北京：中国书籍出版社，2014：15-17.
[5] 刘培玉.关于"把"字句的语法意义[J].汉语学习，2009（3）：29.

"把""拿""用"的手语都是一手五指张开到五指撮合（见图 2.2），而且"拿"的方向还会根据具体语境有所变化，有时与"把"的手势完全一样。

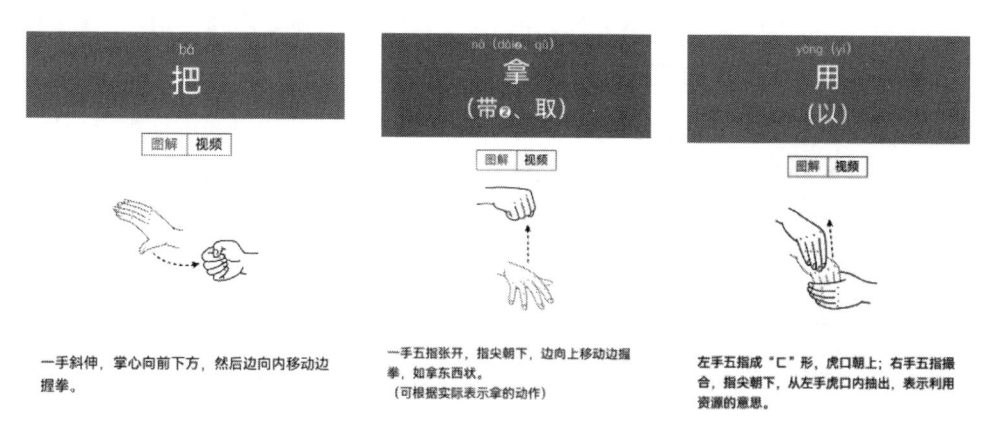

图 2.2 国家通用手语"把""拿""用"①

2. 语序差异及非手控的影响

语序是汉语中一种重要的语法手段，而手语的语序则灵活得多。王静（2008）②通过比较手语和古代汉语，以及吴铃（2005）③等通过比较手语和汉语句子的特点，均发现手语句子存在宾语前置、谓语前置等语序"倒置"的情况，这可能是内部偏误中语序偏误较多的一个重要原因。从不同语言类型聋生的语序偏误率情况来看，手语优势聋生的语序偏误率相对较高。可以证明这样一个结论：手语不同于汉语的语序可能对聋生掌握"把"字句书写语序产生影响。

定语一般具有放在中心语前用来修饰或限定中心词的特性，在手语中有时为强调这种特性总是将其放到后面。④也有研究更为肯定地认为在中国手语中，定语与名词中心语的位置关系为中心名词在前，修饰或限制性的成分在后，和汉语的语序正好相反。⑤如"把油一点放进锅里"（例 47），这句中定语"一点儿"放在了所修饰的词语"油"的后面，和自然手语表示强调时的表达顺序是一致的，手语中

---

① 三张图均取自"国家通用手语词典"App。
② 王静.中国聋人自然手语和古代汉语之比较[J].中国特殊教育，2008（2）：35-38.
③ 吴铃.试论自然手语和文法手语的几个问题[J].中国特殊教育，2005（9）：45-49.
④ 林水英.浅论手语对聋生学习汉语的影响[J].现代特殊教育，2007（1）：21-22.
⑤ 沈玉林，邵宝兴.中国手语实用会话[M].郑州：郑州大学出版社，2009：104.

为了强调油少，会采用"油+一点儿"的顺序。

手语还有一种特殊的语法手段——非手控。非手控是指具有语法意义的表情和姿势，即手势之外的身体语言，包括面部表情、身体姿态和运动。[①]非手控不是用手势表达的，在汉语表达时容易被遗漏。聋生在"把"字句句子成分偏误中占比最多的类型是主语残缺，自然手语中的主语常常是以非手控来表达的，通过眼神注视和身体转动叙述不同人物[②]，手语中的自己有时就是整个句子的主语。如"我吃包子"，手语表达为"包子+吃"，没有表明谁在吃包子，但谁都知道这里有主语，主语就是打手语的人。[③]如果按照手语的表达习惯摹写汉语，容易产生主语残缺的问题。主语残缺在句子成分偏误中比例最高（25.24%），尤其缺少"我"的最多，占主语残缺偏误总数的 65.38%，其原因可能与手语表达有关。

3. 手语的类标记结构

有声语言是线性的，不可能有同时性结构，而手语由于可以双手"发音"，有同时性的句法结构，这很大程度上体现于同时性的类标记结构中。[④]手语的类标记结构可以表达复杂谓语形态的句子，由类标记与位置、方向、运动及表情、体态等成分结合构成。[⑤]

"把"字句是谓语形态复杂的句子，适合用同时性类标记结构来表达。如"男孩把女孩撞倒了"这种带有结果补语的"把"字句，手语会先打先行词女孩（宾语）、男孩（主语），然后左右手分别打出类标记站立的"人"形，分别代表男孩和女孩，用代表男孩的右手去碰代表女孩的左手来表达"男孩撞女孩"，左手由正立变为横倒表示被撞倒（见图 2.3）。

手语的同时性和汉语的线性表达差距较大，聋生在"把"字句的使用上可能会产生如下一些偏误。

[①] 中国残疾人联合会，中国聋人协会，国家手语和盲文研究中心.国家通用手语词典：全四册[M].北京：华夏出版社，2019：1156.
[②] 刘卿.聋人自然手语中非手控特征研究[J].文教资料，2014（28）：44-45.
[③] 吕会华.中国手语语言学[M].北京：知识产权出版社，2019：213-214.
[④] 陈小红.论上海手语同时性方位结构中类标记的方向[J].怀化学院学报，2012（9）：72.
[⑤] 中国残疾人联合会，中国聋人协会，国家手语和盲文研究中心.国家通用手语词典：全四册[M].北京：华夏出版社，2019：1150.

图 2.3 "男孩把女孩撞倒了"的手语[1]

（1）"把"字残缺。由于自然手语中没有"把"这个单独的手势，聋生在汉语书写中可能会出现"把"字缺失和较多"把"字句"该用未用"的语法偏误。

（2）句子成分残缺。手语中的动词可以与主语、宾语以及除动词之外的所有成分结合起来，处于句子的核心位置。[2]也就是说，"把"字句复杂的谓语部分在这样的手语表达中是通过一个动作完成的，受手语的影响，聋生在书写中容易遗漏谓语中的某些成分。聋生在"把"字句的使用上出现句子成分残缺问题远多于句子成分多余问题。

类标记结构是先用手势打出宾语，而后用类标记符号代替宾语，宾语如果是较为复杂的成分，在这种情况下摹写汉语就容易丢失其中一部分信息。如"仇老师把一块块【　】给同学"（例25缺"鱿鱼"），可能是由于手语中没有独立的量词词类，模拟物品形状的手势动作已经包含了量词的意义，量词与其后要修饰的名词"黏合"在一起[3]。"一块块鱿鱼"就是先打出"鱿鱼"作为先行词，然后用手做出"一块块"的类标记结构代表一块块鱿鱼，视觉上突出的印象就是"一块块"，受其影响聋生容易写出宾语中心语残缺的句子。

（3）语序问题。"男孩把女孩撞倒了"，这句中有6个词——出现，而在手语中这是同时完成的一个动作（见图2.3中的第3个动作）。如果聋生受到手语影响，且不知道词语顺序的先后，在摹写汉语上就容易出现较多的语序问题。

---

[1] 此图选自天津师范大学何佳老师的讲座课件，资源来自国家通用手语句法研究课题组，图中聋人为乌永胜，已获当事人授权使用。

[2] 倪兰.中国手语动词研究[M].上海：上海大学出版社，2015：25.

[3] 张帆.认知视角下聋人学生汉语习得与教学研究[M].杭州：浙江大学出版社，2019：33-34.

第 5 节　教学建议

一、针对句式特点与聋生习得难点进行教学

"把"字句的特点之一，在于绝大多数情况下可以用其他表达方式替代。什么时候必须用"把"字句、什么时候绝对不能用、什么时候可用可不用、可用可不用时使用"把"字句表达效果有何不同，这些是学生需要先了解的。

首先，深入浅出地让聋生理解"把"字句的语义关系。目前"处置义""致使义"能够解释绝大多数"把"字句的语义关系，可以使用。但这两个概念对聋生而言还是比较抽象，需要转化为聋生容易理解的表述。建议使用"变化"进行表述。无论是"处置"还是"致使"都有一个变化，有变化就有变化的结果。如例 11-15 的情境都是强调发生了变化，例 11 是行为的变化，从没拍到拍下来；例 12、例 13、例 15 是位置发生了变化，箱子从车下抬到车上，球从球门外踢进球门里，小狗从家外面到了家里面；例 14 是一种特殊的位置变化，乒乓球从她的手里到了周 X 的手里。

其次，要重视对语法规则的细化描写。对母语者而言，仅凭语感就能判断语句是否正确、得体。但对第二语言学习者而言，需要清晰的语法规则支持他们逐步掌握一门语言。郑定欧（2009）[1]指出摆在中国语言学界面前的、至关重要的任务是设法把我们相当熟悉的、向语义倾斜的语法转变成我们还相当陌生的、向形式化倾斜的语法。这种形式化越充分，对语法规则描写越细致，越有助于聋生等第二语言学习者掌握。本研究发现，"把"字句的句式特点及聋生的学习难点有"把"字及其宾语在谓语前、宾语有定性、谓语复杂性、谓语和宾语关系的复杂性，这些应作为重点进行教学。另外，受手语影响，句子成分及语序问题也应在教学中予以考虑。

再次，还要将语义结构与语用结合起来进行教学。张旺熹（1991）[2]指出对外

---

[1] 郑定欧.基于语料库的汉语句法研究——以"把"字句为例 [J].汉语学习，2009（4）：20-21.
[2] 张旺熹."把字结构"的语义及其语用分析 [J].语言教学与研究，1991（3）：100-102.

汉语教学中"把"字句难教难学，原因之一在于教学偏重于语法结构形式，忽视语法结构意义。语义和语法形式不是割裂的两件事，需要相互关联。刘月华、潘文娱、故韡（2019）[①]认为"把"字句的谓语之所以不能是一个简单的动词，前后一定要有其他成分，是因为其语义表示通过动作使"把"的宾语发生某种变化，所以要有补语、动态助词"了""着"、动词重叠式、间接宾语、状语等来表示这种变化。张伯江（2000）[②]认为"把"字句从语义上说，要求谓语表示一个"动程"，所以必然要依托于较为复杂的谓语形式，因为简单形式的动词只能表达"均质"的、没有动程的意义，复杂形式才有可能表达"异质"的、具有一个过程的意义。

最后，还需要支持聋生学会在具体的语境中灵活地运用"把"字句。靳洪刚（1993）[③]研究发现，"把"字句习得是有顺序的，语法意义明确、主题突出的"把"字句习得先于语用意义突出、基于上下文确定的"把"字句，习得者学习"把"字句的过程，是一个由少到多、从语法意义突出到语用意义突出、从简单"把"字句到复杂"把"字句的"语用化"的过程。

二、系统有序地进行"把"字句语法教学

聋生难以自然习得汉语，需要通过类似国际中文这样系统有序的语法教学来学习。当前聋校课程是全国统一的，但在一些地区已经有针对特殊需要学生的个别辅导，可以将语法教学纳入个别辅导之中。"把"字句有较为多样的下位句型，应该先从使用频率高、学习难度小、需求大的句型开始循序地教学。

本研究发现，义务教育阶段聋生对"把"字句的习得有自身特点，"把"字句教学不能简单地照搬其他领域已有的研究成果。义务教育阶段聋生产出 19 种"把"字句的下位句型，高于聋人大学生的 11 种句型。各类"把"字句使用不均衡，只有 10 种句型的使用频次在 10 次以上。正确率也相差悬殊，最低 22.73%，最高 61.11%。可见虽然"把"字句的句型较多，但常用的句型相对集中，优先学习使用频率高的句型可以让"把"字句的学习更高效。另外，聋生的"把"字句习得

[①] 刘月华，潘文娱，故韡. 实用现代汉语语法（第三版）[M]. 北京：商务印书馆，2019：728-732.
[②] 张伯江. 论"把"字句的句式语义 [J]. 语言研究，2000（1）：37.
[③] 靳洪刚. 从汉语的"把"字句看语言分类规律在第二语言习得过程中的作用 [J]. 语言研究，1993（2）：89.

规律有自身的特殊性。各句型的使用频率排序与汉语母语者有所差异，而且在使用频率最高的前10种类型中出现了三种其他研究中较少描述的类型：N1 + 把 + N2 + V + 补1 + 补2（如"我用力把飞机抛上天空"）、N1 + 把 + N2 + 连动词组（如"把货搬到店里整理"）、N1 + 把 + N2 + 兼语词组（如"我常把不会干的事情推给父母来做"）。限于篇幅，对聋生"把"字句句型习得顺序的研究情况将在他处呈现，本文不做进一步阐释。

三、针对聋生的差异需求进行有针对性的教学

（一）满足不同学段聋生的差异需求

不同学段聋生的"把"字句偏误类型有所不同。低年级聋生刚学习写句子时，这些句子是有主语的简单句，主语不易残缺，容易出现问题的是宾语和述语；随着年级的升高，聋生所学句子更为复杂，主语省略的情况增多，掌握不好容易造成主语残缺。年级越高聋生所学句子的长度越来越长，句子复杂程度越来越高，语序越来越容易出错。聋生很早就开始接触助词，助词一直是教学中的一个难点，随着年级的升高，方位名词和趋向动词的使用开始增多，在缺乏有效教学指导的情况下，聋生出现的偏误也相应增加。

因此，就教学而言，在低年级段应重视句子成分的教学，尤其是宾语和述语，到高年级应关注主语，让聋生区分正常的主语省略和主语残缺的区别。随着年级的升高，句子越来越复杂，则要越来越重视语序教学。在词语教学中，助词作为难点贯穿各学段始终，年级愈高，词语使用愈加丰富，对方位名词、趋向动词需要加强关注。

（二）满足不同语言类型聋生的差异需求

本研究发现，不同语言类型聋生的"把"字句偏误类型也有所不同。总的来说，口语较好（手口均优和口语优势）的聋生偏误率最高的是词语偏误；口语不好（手语优势、手口一般、手口均差）的聋生偏误率最高的是句子成分偏误。其原因可能在于，听力、口语均好的学生，汉语习得环境相对较好，对句子成分和语序的整体把握相对较好，问题主要集中于更细节的词语使用上。口语不好的聋生由于听力障碍，听说能力相对较弱，汉语习得环境不良，句子成分问题最为突出。

另外，手语优势的聋生在各类句子成分偏误、语序偏误和助词偏误中问题较多，而这些方面正是手语和汉语差异较大的方面，可能有手语负迁移的因素。

因此，就教学而言，口语较好（手口均优、口语优势）的聋生在日常的生活环境中就可以学习"把"字句，多读多写，积累词汇量，提升语言能力。口语不好（手语优势、手口一般、手口均差）的聋生仅靠多读多写效果不佳，还需要较为系统专业的教学，让学生了解"把"字句的下位句型，以及语法结构、语义功能和语用特点，再辅以多读多写和加强反馈。

对手语优势的聋生，可以利用手语进行教学，让其认识到汉语和手语之间的差异，尤其关注"把"字句在汉语和手语语序表达上的差异。有研究表明，学习者对汉语"把"字句的习得受到母语（其研究母语为英语）特征的影响，当学习者逐渐认识到英语与汉语之间的差异后，母语的负影响会逐渐减弱。①

---

① 王建勤.汉语作为第二语言的学习者习得过程研究[M].北京：商务印书馆，2006：44.

第三章 聋生"有"字句偏误分析*

第1节 引言

"有"字句是在汉语书面语和口语中都经常使用的一种句式,也是聋生在汉语学习中接触较早、使用较多的重要句式。聋生从一年级即开始了"有"字句的学习,然而,即使到了中学阶段仍会出现不同类型的偏误。因此研究聋生"有"字句的偏误对于促进聋生语言学习和聋校语言教学都是很有必要的。

一、"有"字句及其分类

关于"有"字句,本文把研究范围界定为:"有"(包括"没有""没")做谓语或谓语中心语的句子。

现代汉语中,"有"表示的是事物的某种关系,其基本语义为"领属""领有""存在"。丁声树等(1998)[1]提到了"有"字句表示列举和表示量度、比较的语义。刘月华等(2001)[2]把"有"字句语义归纳为五类,提到了表示"发生与变化"的语义。张豫峰(1999)[3]、袁毓林(2009)[4]等学者对"有"字句语义也做了进一步阐释。本文结合各学者的研究,并从聋生"有"字句的研究需求出发,从以下语义类型开展研究:表示"领属、领有";表示"存在";表示"估量";表示"比较";表示

---

* 本文部分内容已发表.陈凌云,杨春燕,杨飞燕,王玉玲.基于语料库的聋生汉语"有"字句偏误分析[J].中国听力语言康复科学杂志,2024,22(4):383-387.

[1] 丁声树,等.现代汉语语法讲话[M].北京:商务印书馆,1998.
[2] 刘月华,潘文娱,故韡.实用现代汉语语法(增订本)[M].北京:商务印书馆,2001:685-691.
[3] 张豫峰."有"字句的语义分析[J].中州学刊,1999(3):131-133.
[4] 袁毓林,李湘,曹宏,等."有"字句的情景语义分析[J].世界汉语教学,2009,23(3):291-307.

"包括"；表示"发生变化"。

"有"字句的句法结构分为基本式（A+有+B）和延伸式（A+有+B+C）。学者们在研究中多是结合句子成分的性质与句子成分间的语义关系进行更具体的分类。易正中（1994）[1]从简单句和复杂句的角度分了14小类，比较全面地囊括了"有"字句的结构类型。车慧（2015）[2]根据句法和语义特点，把"有"字句分成了6大类，除了和前人大致相同的分类外，还列出了"A+有+数量/多么、多、那么+adj"这一类型。本研究依据前人的研究成果，根据聋生语料的特点和聋生学习汉语的需求，结合笔者从语料中发现的在一些较抽象的句式上聋生出现的偏误情况，对"有"字句的结构类型进行如下分类：

T1：A+有+B，如：人人都有两只手；如：玩的有滑梯、秋千、跷跷板。

T2：A+程度副词+有+B，如：教书这个工作很有意义。

T3：A+V+有+B，如：发票上列有商品的名称。

T4：A+有+数量+（adj），如：这块布有两米（长）。

T5：A+有+多/多么/那么+adj，如：这样说该有多可怕呀！

T6：A+有（所）+V/VP，如：我的英语有了一点点进步。

T7：A+有+B+C，如：经理有事不能出席这次会议；如：外面有人敲门。

T8：A+有+B+（这么/那么）+adj，如：他家的院子有球场那么大。

T9：A+有+着+B，如：他们之间有着很深的误会。

二、"有"字句偏误研究及研究思路

在"有"字句的偏误分析方面，汉语研究领域的学者多是采用鲁健骥（1994）[3]的分法，将偏误分为"遗漏、误代、误加、错序"四大类。也有学者[4]在研究"有"字句偏误时加入了"杂糅"这一类别。由于"有"字句丰富的语义与其句型结构有着紧密联系，一些学者从"有"字句的句法与语义特征出发，结合句法结构分别论

---

[1] 易正中."有"字句研究[J].天津师大学报（社会科学版），1994（3）：74-77.
[2] 车慧，曹儒."有"字句分类研究[J].汉字文化，2015（6）：39-42.
[3] 鲁健骥.外国人学汉语的语法偏误分析[J].语言教学与研究，1994（1）：49-64.
[4] 车慧，李宝贵.韩国学生"有"字句偏误分析及习得研究[J].辽宁师范大学学报（社会科学版），2016，39（4）：109-116.

述了外国留学生在"有"字句的各种下位句型中的遗漏、误代、误加、错序的情况，如董小琴（2008）[①]、张颖（2009）[②]等。关于聋生"有"字句的研究文章仅有一篇[③]，该研究同样结合"有"字句的下位句式，从"不该用而误用"和"使用了却产生了误用"两大类分析不同句式的偏误类型；其不足在于偏误类型的分析中没有关注到句子成分，原因分析中缺乏理论依据。

笔者认为，结合"有"字句的下位句型讨论聋生在使用中产生的偏误，更能深入透彻地分析聋生语言学习的特点，为聋校教学提供更明晰的参考。因此，本文以偏误分析理论为理论基础，结合"有"字句句型特征，对聋生"有"字句的偏误情况进行统计与分析，旨在考察聋生"有"字句产生的偏误类型，分析偏误原因，并提出相应的教学建议，为聋校教学提供一定的参考。

三、语料来源与说明

本研究中"有"字句的语料来源于自建的义务教育阶段聋生汉语中介语语料库中的"有"字句单句，其中不包括"有"字句做句子成分的句子。正确句560句，占总句的69.48%；偏误句246句，占总句的30.52%。

本文所述的"有"字句，是在对所有标注为"有"字句的语句反复进行逐一分析后，排除语料库中有以下情况的句子：（1）以"没有"一词作为一句话的；（2）"还有+宾语"的句子中"还有"只起到连接作用，连接前后两个句子或短语，表示递进关系的句子；（3）"有点+形容词"的句子。如"头有点晕"中，"有点"是程度副词，描述"晕"的程度，不作为"有"字句；（4）"有没有+动词+过"的句子。如"你有没有看过《骆驼祥子》？"邢福义（1990）[④]认为这里的"有没有"相当于"是否曾经"，其语义是"问行为实现的经验性"。笔者也认为这里的"有没有"并不具备"有"的基本义，而是询问"是否看过"，因此类似这样的句子，本研究将其视为非"有"字句。

[①] 董小琴. 外国学生"有"字句偏误分析及习得研究 [D]. 南京：南京师范大学，2008：15-18.
[②] 张颖. 基于"HSK动态作文语料库"的韩国学习者"有"字句习得研究 [D]. 北京：北京语言大学，2009：4-7.
[③] 陈珂，李森，陈夕娥. 聋生书面语"有"字句偏误分析 [J]. 巢湖学院学报，2019，21（4）：144-149.
[④] 邢福义. "有没有VP"疑问句式 [J]. 华中师范大学学报（哲学社会科学版），1990（1）：82-87.

第 2 节 聋生"有"字句的偏误类型

一、总体情况

由于"有"字句的句法结构类型与语义存在密切联系，为更好地考察聋生在运用"有"字句时出现的语法偏误规律，本研究基于句法结构，从"有"字句的偏误、"有"字句前段的偏误、"有"字句后段的偏误三个角度来分析。偏误类型分为三类：该用未用；不该用而用；内部偏误。

经统计，在 246 个偏误句中，"该用未用" 60 句，占 24.39%；"不该用而用" 44 句，占 17.89%；"内部偏误" 142 句，占 57.72%。主要偏误类型及相关数据见表 3.1。

表 3.1 聋生"有"字句偏误类型分布

	该用未用	不该用而用	内部偏误	总计
数量（句）	60	44	142	246
比例	24.39%	17.89%	57.72%	100%

二、聋生"有"字句偏误类型

（一）该用未用

"该用未用"是指在汉语母语者一般会使用"有"字句的情况下，聋生未用"有"字句的中介语现象。该类偏误共 60 句，占偏误总数的 24.39%，分为两个小类，如表 3.2 所示。

表 3.2 聋生"有"字句"该用未用"的偏误类型及其分布

一级分类	二级分类	数量	合计 数量	合计 比例
"有"字遗漏及相关偏误	单纯缺"有"字	32	53	88.33%
	缺"有"字且存在其他偏误	21		

（续表）

一级分类	二级分类	数量	合计数量	合计比例
"有"字误用及相关偏误	该用"有"字而误用为其他词	5	7	11.67%
	该用"有"字句而误用为"是"字句	2		
合计		60	60	100%

1. "有"字遗漏及相关偏误

此类句子只有主语和宾语，句中缺"有"字联系前、后段，导致句子结构不完整或语义不清晰，共53句，占"该用未用"偏误总数的88.33%。

（1）单纯缺"有"字，有32句。例如：

例1　手机也【　】这样的新闻。（T1：A+ 有 +B；表领属、领有）

例2　画面【　】鹿、花、人物。（T1：A+ 有 +B；表包括）

例3　虽然我数学很差，但我很【　】兴趣。（T2：A+ 程度副词 + 有 +B）

例4　（我感觉不太累，）【　】一点儿吧。（T4：A+ 有 + 数量 + (adj)）

例5　我【　】很大的烦恼。（T5：A+ 有 + 多 / 多么 +adj）

例6　我还【　】另一个同学和那个同学身材一样。（T7：A+ 有 +B+C）

从以上例句可以看出，聋生遗漏"有"字的偏误非常普遍，在各下位句型中基本都有出现。另外，聋生在运用"表示包括"的T1句型（A+ 有 +B1、B2、B3……）时出现"有"字遗漏的有9句，如例2，这是聋生的偏误中比较多且特殊的。

（2）缺"有"字，同时有其他词语或语序的偏误，共21句。例如：

例7　我对它【　】乐趣。

例8　我【　】感冒了一点。

例7缺了"有"字，同时"乐趣"应为"兴趣"。例8不仅缺"有"字，语序也有错误，应为"我有一点感冒"。

2. "有"字误用及相关偏误

此类偏误是指应该用动词"有"时，误用了其他词；或者应该用"有"字句时，使用了其他句式。该偏误共7句，占"该用未用"偏误总数的11.67%。

例9　（黑板报里）**有**的美术作品，**有**的学期计划和管理表格。

例10 高中的问题，有关于诗歌的内容，也加上问答卷子的内容。

例11 （她）是我们超级想要的脸蛋。

情况一，共5句。例9，用代词"有的"误代动词"有"。"有"是动词，表示拥有、存在；而"有的"是代词，常用来指代一部分人或物，表示在某个范围内有某种情况。例10，用"加上"误代"有"。"加上"表示的是在原有基础上数量或程度的增加，本句是要表达"存在"相同的情况，应该用"有"字。

情况二，共2句。例11，该用"有"字句却误用成"是"字句。"是"字句强调的是主语和宾语间"等同、归属"等关系，而例11显然表达的是"领有"的语义，应该用"有"字句。

（二）不该用而用

"不该用而用"是指在汉语母语者一般不会使用"有"字句的情况下，聋生使用了"有"字句的中介语现象。该类偏误共44句，如表3.3所示。

表3.3 聋生"有"字句"不该用而用"的偏误类型及其分布

一级分类	二级分类	三级分类	数量	合计 数量	合计 比例
"有"字多余及相关偏误	单纯多"有"字	——	15	27	61.36%
	多"有"字并有其他偏误	——	12		
"有"误用及相关偏误	词语误用	该用"能"字而误用为"有"字	3	17	38.64%
		该用其他词而误用为"有"字	6		
	句式误用	该用一般动词谓语句而误用为"有"字句	7		
		该用"是"字句而误用为"有"字句	1		
合计			44	44	100%

1. "有"字多余及相关偏误

该偏误是指不该用"有"字而用，以及同时有其他偏误的情况，共27句，占本类偏误总数的61.36%。

（1）单纯多"有"字。此类句子不该用"有"字，去掉"有"字就正确了，共 15 句。例如：

例 12　有字词很优美。

例 13　我们正好路过有水果店。

例 14　李 ** 的厚衣服有破了。

例 12 本意是描述"字词"优美，去掉"有"字就是正确句。例 13 是要表达"路过水果店"，也是误加了"有"字。例 14 直接用"破"来描述衣服的状态即可，应去掉"有"字。

（2）多"有"字并有其他偏误，共 12 句。例如：

例 15　老师讲了有三好学生。

例 16　等了一会儿，有个范 ** 来了。

例 15 不涉及"有"字句的语义，"有"字多余，且"讲"应为"宣布"，与"名单"搭配，此句应为"老师宣布了三好学生名单"。例 16 "有"字多余，同时，量词"个"也多余。

2. "有"误用及相关偏误

（1）词语误用，共 9 句。例如：

例 17　操场上变得安静了，又有听见鸟儿的鸣叫。

例 18　总结有一句话来说。

例 17 用"有"字误代了"能"字，这样的句子有 3 句。"有"表示存在，而"能"在句中表示具备某种客观条件，表示可能性。此句要表达的是操场上又能听见鸟叫了，因此应该把"有"改为"能"。例 18 用"有"字误代了介词"用"，正确的句子应该是"用一句话来总结"。

（2）句式误用，共 8 句。例如：

例 19　明天有海洋馆去。

例 20　最后章节，他有了勇敢。

例 21　它们有淘气的动物。

此类偏误有两种情况。第一种，如例 19、例 20，都是该用一般动词谓语句而误用为"有"字句。例 19 应为"明天去海洋馆"，例 20 应为"他变得勇敢了"，这两句均可用行为动词做谓语，却与"有"字句混淆。第二种，如例21，应该用"是"字句，而误用为"有"字句，应为"它们是淘气的动物"。

（三）内部偏误

"内部偏误"是指在汉语母语者一般会使用"有"字句的情况下，聋生使用了"有"字句，但存在一些语法偏误的中介语现象。聋生"有"字句内部偏误类型包括句子成分偏误、语序偏误、与语法相关的词语偏误、句式杂糅四种情况，如表3.4所示。

表3.4 聋生"有"字句内部偏误类型及其分布

一级分类	二级分类	三级分类	数量	比例
句子成分偏误 86/60.56%	主语偏误 35/24.65%	主语遗漏	28	19.72%
		主语中心语遗漏	5	3.52%
		主语或构成成分多余	2	1.41%
	述语偏误 11/7.75%	"有"以外的述语多余	4	2.82%
		述语遗漏	7	4.93%
	宾语偏误 40/28.17%	宾语遗漏	8	5.63%
		宾语中心语遗漏	32	22.54%
语序偏误 15/10.56%	句子成分顺序偏误 15/10.56%	"有"字错序	5	3.52%
		主语错序	6	4.23%
		VP结构错序	4	2.82%
词语偏误 40/28.17%	助词偏误 27/19.01%	"了"的偏误	14	9.86%
		"的"的偏误	12	8.45%
		"着"的偏误	1	0.70%
	方位词偏误 7/4.93%	方位词多余	3	2.11%
		方位词遗漏	4	2.82%
	其他 6/4.23%	词性误用	6	4.23%
句式杂糅 1/0.70%			1	0.70%
合计			142	100%

注：比例=各类偏误数量/内部偏误总句数

1. 句子成分偏误

句子成分偏误是指由句子成分残缺或多余造成偏误的中介语现象。在聋生"有"字句的句子成分偏误中，从比例上看，宾语偏误（40/28.17%）＞主语偏误（35/24.65%）＞述语偏误（11/7.75%）。

（1）主语偏误

此类偏误是指在"有"字句主语上出现的偏误，共35句。偏误类型有三种情况：主语遗漏，28句；主语中心语遗漏，5句；主语或构成成分多余，2句。

A. 主语遗漏。例如：

例22　有位老奶奶瘫坐在电动车上，【　】没有老爷爷。（旁边）

例23　他们看见警车来了。【　】有声音。（警车/外面）

例22缺少表处所的方位词做主语，没有交待清楚"哪里没有老爷爷"。例23缺主语，没有说清"哪里有声音"。虽然"有"字句在句意明确的情况下可以隐含或省略主语，但在本研究的语料中，主语遗漏的句子并不是为了语言简洁或者就是话题所指的情况，而是没有把描述对象交待清楚，导致逻辑关系不清，或者语义不明。

B. 主语中心语遗漏。例如：

例24　剩下【　】只有我。（的人/的）

例25　你说【　】有道理。（的话/的）

例24中，"剩下"是动词短语，需要加上"的人"来指称"剩下的人"。根据语言经济的原则，也可以用"的"字短语来替代，即"剩下的只有我"。例25同样也可以直接加"的"，用"你说的"做主语。

主语中心语遗漏的句子一共有5句，其中4句都是本可以用"的"字短语做主语，但都缺少了"的"或者中心语的句子。

C. 主语或构成成分多余。例如：

例26　这打架方面有坏处。

例26多了"方面"，造成主语和谓语语义不搭，像这样的偏误句有2句。

（2）述语偏误

该偏误包括述语多余与述语遗漏这两种情况。

A. 述语多余是指句子用了"有"字句，但同时又多了其他述语，此类偏误有4句。例如：

例27　有的饺子里面有装着几枚硬币。

例27已用了"有"字句表示存在的状态，应该去掉"装着"。

B.述语遗漏主要出现在两个句型中，一种是"T7：A+ 有 +B+C（VP）"句型中的VP结构，这样的句子有6句；另一种是"T8：A+ 有 +B+（这么/那么）+adj"句型，这样的句子有1句。例如：

例28　今天没有什么事能【　】快乐。（让我）（T7：A+ 有 +B+VP）

例29　今天下午，我没有桌子【　】。（写作业）（T7：A+ 有 +B+VP）

例30　金钱没有朋友价值的【　】。（高）（T8：A+ 有 +B+（这么/那么）+adj）

例28是兼语式"有"字句，VP结构中缺乏"让"以及主体"我"，加上"让我"才能建立一个明确的动宾关系，表明不是事情快乐，而是事情使"我"快乐。例29是连动式"有"字句，从上文语境来看，此句缺失了整个VP结构，使得句子不完整。例30表示比较义，正确的句子应该为"金钱没有朋友的价值高"，这里的形容词"高"是语句的比较点，是不能遗漏的。

（3）宾语偏误

宾语偏误是指"有"字句的宾语存在与句法相关的偏误，此类偏误共有40句，占内部偏误总数的28.17%，是偏误率最高的一类。

A.宾语遗漏偏误共有8句。主要表现为在"T7：A+ 有 +B+C（VP）"句型中"有"的宾语缺失，有7句。

例31　我们还会有一次【　】看望大家。（T7：A+ 有 +B+VP）

例32　每当一个节目结束后就有【　】摇小国旗和鼓掌。（T7：A+ 有 +B+VP）

例31是连动式"有"字句，缺宾语"机会"，即"有机会看望大家"。例32是兼语式"有"字句，"有"不能直接接动词性短语"摇小国旗和鼓掌"，"摇小国旗和鼓掌"缺施事主语"人"，"人"同时兼做"有"的宾语，即"有人摇小国旗和鼓掌"。

B.宾语中心语遗漏。这类偏误数量最多，有32句，占偏误总数的22.54%。偏误数量较多主要有两种情况。一种情况是定中短语做宾语，缺定中短语的中心语，此类偏误有21句。例如：

例33　我想了想，自言自语地说："难道我有预知未来【　】吗？"（的能力）

例34　做喜欢的事情就没有吃苦的【　】。（感觉）

例33缺宾语中心语"能力"，正确句应为"难道我有预知未来的能力吗"，表示主语"我"具有某种能力。例 34 "的"字短语"吃苦的"做宾语,表意不明确,应把后面的中心语补充完整,把"吃苦的"改为"吃苦的感觉"。

另一种情况是宾语可以用"的"字短语替代,但缺少结构助词"的",造成偏误,此类偏误有 9 句。例如:

例 35　我们班没有晕车【　】。(的/的人)

例 36　有一些碎片,不够完整,有唐朝【　】、明朝【　】、宋朝【　】等。(的/的碎片)

例 35 应是"我们班没有晕车的(人)"。例 36 中主语"碎片"是指一种历史文物,宾语应为"唐朝的、明朝的、宋朝的等"。

2. 语序偏误

语序偏误主要是指句子成分顺序偏误,有以下三种情况。

(1)"有"字错序。"有"字错序是指"有"字在句中的位置存在偏误,共 5 句。例如:

例 37　以后**很多有**篮球比赛。

例 38　国王**有手里法师**。

例 37 中述语"有"应在宾语"很多篮球比赛"之前,但误放在"很多"和"篮球比赛"中间,造成定语和中心语分离,应为"以后有很多篮球比赛"。例 38 中述语"有"应在主语中心语"手里"和宾语"法师"中间,但误放在主语中心语"手里"之前,应为"国王手里有法师"。

(2)主语错序。此类偏误共 6 句。例如:

例 39　有蓝色的鱼鳞**上面**。

例 40　父母没有家教**黄****。

例 39 应该是方位词做主语,放在句首,表示存在,应为"上面有蓝色的鱼鳞"。例 40 如用"有"字句来表达,应该是"黄**没有家教"。

(3)VP 结构错序。此类偏误是指在"T7:A+有+B+C(VP)"句型中 VP 结构述语位置存在偏误,有 4 句。例如:

例 41　有一个老同学**对别人帮助**。

例 42　我有一位同学去**看天安门现场**。(指去现场看阅兵式)

例 41 应把"帮助"放在前面,正确的语序是"有一个老同学帮助别人"。例

42 应是"我有一位同学去天安门现场看（阅兵式）"。

3. 词语偏误

词语偏误是指在"有"字句中起到重要语法作用的词语存在偏误的情况，包括"了""的""着"等助词的遗漏或误加，方位词的遗漏、误加等。

（1）助词偏误

A."了"的偏误

助词"了"使句子在语义上更明确，对句子的成立非常重要。与助词"了"有关的偏误句有14句。一种情况是"有"之后有无"了"，这样的偏误有5句。例如：

例43　昨晚我家小区门口旁有【　】小小的房子。（了）

例44　香山上有了亭子，我记得山顶上肯定有亭子，亭子下边有下山的楼梯。

"了"在这里是动态助词，表示性状的实现[①]，"有了"用于强调事情的变化或发展。例43应加上"了"，描述"昨晚"小区门口的变化。例44与例43正好相反，根据语境，例44应该描述的是一直存在的状态，因此，不能加"了"。

另一种情况是"了"在句尾的偏误，有9句。例如：

例45　有一只快成大鸭子【　】。（了）

例46　下午第一节地理课，有考试了。

"了"在这里表示动作或性状的实现，即有已成为事实的意思。"快成"是表示某种状态即将实现，因此，例45应加上"了"。例46只表示存在，并没有表示动作的完成，因此不应该加"了"。

B."的"的偏误。例如：

例47　没什么可紧张【　】。（的）

例48　医生对我耳朵已经没有办法的。（了）

例47缺少语气助词"的"，句子不完整，"的"在这里可以起到完句的作用。从用法上，这里"的"在形容词后，也表示一种状态或情况。例48是用"的"误代了"了"，这里应该用"了"。

C."着"的偏误。例如：

例49　他的脸上有【　】严肃的表情。（着）

[①] 黄伯荣，廖序东. 现代汉语：下册（增订六版）[M]. 北京：高等教育出版社，2017：31.

"着"用在动词后，表示状态的持续。这个句子要描述的是"他的脸上"的表情状态，因此应在"有"后加上"着"。这样的偏误句只有1句，是应该用"有着"，但用成了"有"的情况。像"A+有着+B"这样的结构聋生很少使用，是比较难掌握的。

（2）方位词偏误

该偏误主要是指在主语位置上出现方位词的多余或遗漏，一共有7句。例如：

例50　中国里还有个美丽的地方。

例51　我的默写达人找不到了，我的桌子【 】没有。（里）

例50中主语多了方位词"里"，"里"是空间概念，这句话是表达领属义，而不是在空间上具有某物，因此句中的"里"是多余的。类似的句子有3句，都是多了方位词"里"。例51是遗漏了方位词而导致语义偏差。"我的桌子没有"是没有桌子，"我的桌子里没有"是桌子里面没有。这样的句子有4句。

（3）其他偏误

其他偏误包括词性误用和搭配不当这两种情况，此类偏误共有6句。例如：

例52　再打开华为手机的小艺，聊了一会儿天，一点没有幽默。

例53　我就开始对画画有了感兴趣。

例52误把形容词"幽默"作为宾语，此处应为名词"幽默感"。例53"有了"应和名词"兴趣"搭配。

4.句式杂糅

此类偏误是指将"有"字句和其他句式杂糅在一起。例如：

例54　我们有心理准备好了。

这个句子是把"有"字句"我们有心理准备"和"我们准备好了"混在了一起，导致语义不明确。

三、否定形式偏误的说明

在聋生输出的语料中，否定形式偏误已分别归类在各偏误类型里。因"有"字句的特殊性，此处再单独说明。否定形式偏误主要表现为"没有"与"没、不、无"等词的误代，有5句，如：

例55　屏幕下面无字幕。

例 56　碰巧天气特不好，<u>没有</u>吸到新鲜的空气了。

例 57　前一年，我在老家做耳蜗手术，我躺在手术床上，当时心情<u>没有</u>紧张。

例 55 中用"无"误代了"没有"，"无"也可以表示"没有"之意，但它的文言意味较重，不符合语境。例 56 应该用能愿动词"能"的否定形式"不能"。例 57 中误用"没有"来修饰"紧张"，在"有"之后不能直接加形容词，而副词"不"可以用在形容词前表否定，此句应该用"不紧张"。

第 3 节　聋生"有"字句的偏误分布

一、不同学段聋生"有"字句的偏误统计与分析

如表 3.5 所示，从"有"字句在各学段的使用频率看，七年级最低（0.1767%），除七年级外，使用频率由高到低排序为：九年级（0.4922%）、八年级（0.2899%）、三~六年级（0.2294%）；正确率则不太一样，三~六年级最低（65.83%），中学阶段随着年级的升高正确率随之降低：七年级（75.63%）、八年级（69.57%）、九年级（68.72%）。可见，中学阶段随着年级升高，使用频率相应增加，正确率反而略有降低。

从各学段的不同偏误类型占比看，"该用未用"的偏误频率、"内部偏误"的偏误频率在各学段的变化趋势与总体使用频率相同，都是九年级的偏误频率最高；"不该用而用"的偏误频率略有变化，八年级高于九年级。

表 3.5　各学段聋生"有"字句偏误类型分布

年级	正确句	偏误句	使用频次	使用频率（%）	正确率（%）	不该用而用 频次/频率（%）	该用未用 频次/频率（%）	内部偏误 频次/频率（%）
三~六年级（字数48817）	79	41	112	0.2294	65.83	8/0.0164	8/0.0164	25/0.0512

（续表）

年级	正确句	偏误句	使用频次	使用频率（%）	正确率（%）	偏误情况		
						不该用而用 频次/频率（%）	该用未用 频次/频率（%）	内部偏误 频次/频率（%）
七年级（字数65064）	90	29	115	0.1767	75.63	7/0.0108	4/0.0061	18/0.0277
八年级（字数51393）	112	49	149	0.2899	69.57	13/0.0253	12/0.0233	24/0.0467
九年级（字数75176）	279	127	370	0.4922	68.72	16/0.0213	36/0.0479	75/0.0998
合计	560	246				44	60	142

注：使用频次＝正确句＋不该用而用＋内部偏误；使用频率＝各学段使用频次/各学段语料字数

二、不同语言类型聋生"有"字句的偏误统计与分析

本语料库采用三角验证法，根据聋生口语、手语的使用状况，把聋生的语言使用类型分为五类，并对不同语言类型聋生在使用"有"字句时出现的主要偏误情况进行分析。

1. 不同语言类型聋生"有"字句的偏误分布情况

由表3.6可知，不同语言类型聋生"有"字句使用的正确率从高到低为：手口均优、手口一般、口语优势、手语优势、手口均差。可见，手口均差（手语和口语两种语言都不好）的聋生，偏误率最高，手口均优的聋生，偏误率是最低的。

表3.6 各语言类型聋生"有"字句偏误类型分布

语言类型	正确句	偏误句	正确率	不该用而用		该用未用		内部偏误	
				数量	比例	数量	比例	数量	比例
手口均优	57	12	82.61%	3	25.00%	2	16.67%	7	58.33%

（续表）

语言类型	正确句	偏误句	正确率	不该用而用 数量	不该用而用 比例	该用未用 数量	该用未用 比例	内部偏误 数量	内部偏误 比例
口语优势	168	47	78.14%	9	19.15%	8	17.02%	30	63.83%
手语优势	252	147	63.16%	27	18.37%	33	22.45%	87	59.18%
手口均差	29	25	53.70%	5	20.00%	7	28.00%	13	52.00%
手口一般	50	12	80.65%	0	0.00%	8	66.67%	4	33.33%
未知类型	4	3				2		1	
合计	560	246		44		60		142	

注：偏误类型比例＝偏误类型数量/各语言类型偏误句总数

在"该用未用"偏误中，"手口一般"学生出现偏误的比例最高，其次是"手口均差"学生。语料库中一位标记为"手口一般"的学生写出如下句子："你【】办法吗"（有），"我还【】另一个同学和那个同学身材一样"（有），都是该用"有"字句却遗漏了"有"。可以看出，没有形成某种语言（汉语或手语）优势的聋生，在"有"字句的使用上，更容易出现"该用未用"的偏误。

再比较"该用未用"和"不该用而用"这两种偏误类型，可以发现，"手口均优""口语优势"学生在"不该用而用"偏误上的比例高于"该用未用"；"手语优势""手口均差"和"手口一般"学生在"该用未用"偏误上的比例均高于"不该用而用"。可见口语有优势的聋生更容易出现"有"字句的泛化，非口语优势的聋生更容易出现该用"有"字句却不用的偏误。如"手语优势"学生的一个句子："我【】一点意识了"（有）。

2. 不同语言类型聋生在"有"字句内部偏误上的差异

进一步分析占"有"字句内部偏误总数20%以上的偏误类型情况，结果如表3.7所示。

表3.7 各语言类型聋生"有"字句内部偏误类型分布

语言类型	偏误总数	主语偏误 数量	主语偏误 比例	宾语偏误 数量	宾语偏误 比例	词语偏误 数量	词语偏误 比例
手口均优	12	0	0.00%	2	16.67%	1	8.33%

（续表）

语言类型	偏误总数	主语偏误 数量	主语偏误 比例	宾语偏误 数量	宾语偏误 比例	词语偏误 数量	词语偏误 比例
口语优势	47	8	17.02%	9	19.15%	6	12.77%
手语优势	147	21	14.29%	23	15.65%	30	20.41%
手口均差	25	4	16.00%	5	20.00%	2	8.00%
手口一般	12	2	16.67%	0	0.00%	1	8.33%
未知类型	3			1			
合计	246	35		40		40	

注：比例 = 各语言类型偏误数 / 各语言类型偏误总数

从表 3.7 可知，主语偏误比例最高的是"口语优势"学生，该偏误主要表现在主语和主语中心语的遗漏。宾语偏误比例最高的是"手口均差"学生。词语偏误比例最高的是"手语优势"学生，且比其他语言类型学生的偏误率高出很多，该偏误主要表现在方位词和助词"的""了"的误用。可见以手语为主要交流语言的学生更容易在方位词、助词的使用上出现偏误。

第 4 节 聋生"有"字句的偏误原因

一、"有"字句的多种语义特征与复杂的句法结构

1. "有"字句的语义丰富，与其他句式具有部分相似之处

"有"字句除了可以表示基本的"领有"义和"存在"义，还可以表示估量、发生与出现、比较，等等。

比如"有"字句的"T6：A+有（所）+V/VP"结构，表示"发生变化"，与形容词谓语句、一般动词谓语句在语义上有部分相似之处。形容词谓语句是对人或事物的性状加以描写，可以说明事物的变化[1]；一般动词谓语句主要叙述人或事

---

[1] 刘月华，潘文娱，故韡. 实用现代汉语语法（增订本）[M]. 北京：商务印书馆，2001：656.

物的动作行为、心理活动、发展变化等[①]，都与"有"字句表示"发生变化"的语义相似。从句法结构上，尤其是在"有"字后接形容词或者名动词的用法中，更容易混淆。以"不该用而用"偏误中的句子"例14　李**的厚衣服有破了"及"例20　最后章节，他有了勇敢"为例，例14中"破"是衣服的状态变化，这里可以直接用"衣服破了"来描述，却用成了以"有"做谓语动词的句子；例20表达的是"他"的变化，应该用一般动词谓语句"他变得勇敢"来描述。

同样，"有"字句和"是"字句的相互误用，也是由于聋生对不同句式的语义没有掌握好而造成的。"是"字句表示判断、肯定。如在"该用未用"和"不该用而用"偏误中的句子"例11　（她）是我们超级想要的脸蛋"及"例21　它们有淘气的动物"中，这两句把"拥有"这种语义和表示"判断"的语义混淆了。

2. "有"字句的句法结构多样，使聋生运用"有"字句的难度也有所增加

（1）聋生对"有"字句的用法掌握不足

"有"字句看似简单，但是在用法上是比较复杂的。例如，在"有"的宾语的用法上，"有"的宾语可以是名词，在一定条件下也可以是形容词、动词，其语义也有所不同。在本语料库中，"有"字句"宾语偏误"有40句，所占比例是内部偏误中最高的，原因是聋生对"有"字句宾语的用法掌握不足。如例33　我想了想，自言自语地说："难道我有预知未来【　】吗？"（的能力）这句话表示"领有"，即"我有能力"，"有"的宾语应该是名词"能力"。语料库中的宾语遗漏和宾语中心语遗漏的偏误，多是聋生不清楚"有"后的宾语到底应该是什么而造成的。

（2）"有"字句的句法结构复杂

"有"字句有基本式和延伸式，其句法结构与语义有对应的联系。聋生对"v+有""程度副词＋有""有所""有着"这些结构类型句子的使用率都非常低，并且正确率也不高。表示比较的"A+有+B+（这么/那么）+adj"句型，偏误率是100%。这些句型一方面是句法结构比较复杂，另一方面是句法特征比较特殊。

如在"T2：A+程度副词＋有+B"句型中，B段为有评价色彩的抽象的词语或短语，理解并运用抽象的词语是聋生的难点。如"今天的沟通课真有意思"（正

[①] 刘月华，潘文娱，故韡.实用现代汉语语法（增订本）[M].北京：商务印书馆，2001：653.

确句），这样的句子在语料库中只有口语优势学生所写的2例。在"T8：A+ 有 +B+（这么/那么）+adj"结构中形容词是句子的比较点，指明比较的内容，语料库中输出频次仅2句，如"例30　金钱没有朋友价值的【　】"（高）。T9"有着"句中，"着"的出现与体意义的平衡和语音节律有关[①]，"着"在动词后，表示动作在进行或状态在持续，聋生理解起来就更困难了。如偏误句"在乌黑的厕所里，门缝有着一丝光"（透着），即属于不该用"有"字而用的偏误类型。

"内部偏误"中的宾语偏误、述语偏误、语序偏误，多是由句子结构复杂而导致偏误。对于义务教育阶段的聋生来说，他们的汉语语言能力还有待发展，因此在复杂结构的"有"字句中，出现的偏误就会较多。如：

例28　今天没有什么事能【　】快乐。（让我）(T7：A+ 有 +B+VP)

例30　金钱没有朋友价值的【　】。（高）(T8：A+ 有 +B+（这么/那么）+adj)

这也能解释如前所述的随着年级的升高，偏误率反而增加的现象。分析不同年级聋生使用"有"字句下位句型的情况，学生总体使用率较高的延伸句式"T7：A+ 有 +B+C"，按使用率从高到低排序为：九年级（0.1091%）、八年级（0.0895%）、七年级（0.0415%）、三～六年级（0.0164%）。该句型从结构上，C 段可以是动词短语、形容词短语、名词短语、主谓短语，其中根据动词短语所指向的主体，又可以是兼语式和连动式[②]，句型结构如此复杂，而九年级聋生的使用率远高于其他年级。句法特征比较特殊的"T6：A+ 有（所）+V/VP"句型，使用率同样是九年级聋生最高，按年级依次降低，三～六年级聋生没有使用。可以推测，随着年级的升高，学生接触和使用的"有"字句句型结构与功能更复杂、更抽象，然而他们却没有对句式进行有意识地学习，也就出现了偏误率反而升高的现象。

二、手语语法特征与汉语语法特征的差异

手语是一种语言已基本成为学界共识，即聋人手语是真正的语言学意义上的语言。[③] 手语是形义结合的手势——视觉沟通符号体系，手形、位置、运动、方向构

[①] 刘顺，潘文. 现代汉语 "有着" 句的考察与分析 [J]. 语言教学与研究，2007（3）：80-88.
[②] 易正中. "有" 字句研究 [J]. 天津师大学报（社会科学版），1994（3）：74-77.
[③] 龚群虎. 聋教育中手语和汉语问题的语言学分析 [J]. 中国特殊教育，2009（3）：63-67+37.

成手语的"语音"单位。[①] 作为视觉语言，手语表达时具有某些和汉语不同的语法特征，如名动同形、重复、同时性等特征。[②] 义务教育阶段的聋生对手语的掌握并不十分娴熟，汉语也在逐渐学习，因此，在一些方面具有不同语法特征的两种语言混合使用，不可避免地会相互影响。

（一）手语中"有"的"省略"

手语以手势为表达载体，依靠视觉来接收信息，手语有视觉形式而没有文字形式。[③] 与汉语相比，手语对汉语句子某些成分的"省略"是手语表达的一大特点。有学者[④]通过汉语与手语对比研究，分析手语培训教材《中国手语实用会话》发现，在手语中"是、有"的省略是动词省略中占比最多的。当然，手语中省略动词"有"并不是绝对的。手语中"有"的省略与汉语"有"字句中"有"字的遗漏偏误有一定关系。如"例5 我【】很大的烦恼"（有）这句话，手语表达为"我｜烦（用表情表达烦的程度）"，不打出"有"。

再如，"卫生间里【】刷子、杯子和毛巾"这个句子，汉语正确句应该是：卫生间里有刷子、杯子和毛巾。而手语表达为"卫生间｜刷子｜杯子｜毛巾｜（有）"。对于这句话，手语会先打出"卫生间"，然后利用空间方位，打出"刷子""杯子""毛巾"这些物品。最后的"有"可以打，也可以被省略，并不绝对。因为手语是视觉性的，手语打出"刷子""杯子""毛巾"即表示出空间里的"存在"，并不一定需要打出"有"。因此，汉语中用"有"字句来表达"存在"，而手语可以利用空间布局来表示存在，不一定用"有"的手势。由此，聋生在汉语书面语表达中，也有可能习惯不把"有"字写出来，从而出现遗漏"有"的偏误。

（二）手语的"名动同形"

手语中有些名词和动词的手势动作是一样的，称作"名动同形"。[⑤]"名动同形"

[①] 龚群虎. 手语问题讲话[M]//沈玉林. 双语聋教育的理论与实践. 北京：华夏出版社，2005：47.
[②] 中国残疾人联合会，中国聋人协会，国家手语和盲文研究中心. 国家通用手语词典：全四册[M]. 北京：华夏出版社，2019：1153-1159.
[③] 张帆. 认知视角下聋人学生汉语习得与教学研究[M]. 杭州：浙江大学出版社，2019：30.
[④] 刘卿，赵晓驰. 聋人手语会话"省略"特征及对聋人汉语教学的启示[J]. 现代特殊教育，2023（4）：46-53.
[⑤] 中国残疾人联合会，中国聋人协会，国家手语和盲文研究中心. 国家通用手语词典：全四册[M]. 北京：华夏出版社，2019：1153.

是手语的一种形态特征，有时会被用作"动宾结构"。即同一个手势，既可以是名词，也可以是动词，还可以做动宾短语，如"兴趣"和"有兴趣"，聋人在打手语时都用"兴趣"的手势来表示。

这便能解释本语料库中的一些"误代"偏误句中，学生把名词用为动词，或者把动词用为名词，导致句法的偏误，如偏误句"我很兴趣"。

汉语正确句：我很有兴趣。

手语：我｜很｜兴趣（面带很有兴趣的表情）。

（三）手势"有"在手语中的特殊语义与用法

如上文所述，手语中"有"被省略的现象，常出现在"有"表示"存在、包括"的语义中。与此用法不同的是，手语中经常会利用手势"有"来表达"某件事是否发生过"，并非表示"存在"等语义，这是手势"有"的特殊用法。有研究者[1]提到，"有"这个手势在手语中出现的频率很高，但它大多表示一种经历体，相当于汉语中的"了"。如"东方明珠｜登上｜有"（手语），其语义是表达"登上了东方明珠"。这里用"有"来表达"登上东方明珠"这件事发生过。

这种在汉语中应该用一般动词谓语句或形容词谓语句等句式来表达。聋生把手语中这样的用法用在了汉语书面语的"有"字句中，导致出现"有"字多余的偏误。如语料库中的句子"突然，外面有下雪了"，以及"我有闷闷不乐的"，都是误加了"有"字。笔者认为这样的"误加"偏误源于手语中常用"有"来表达"是否发生"这一语法特点。

同样，有研究者[2]指出，手语中的"有""有没有"也是疑问的手控标记。如询问"他打你了吗？"在手语中，常在句末加上手势"有"，表达为"他｜打（挥向被询问对象）｜有吗（疑问的表情）"。

此处的"有"同样表示询问"打"这件事是否发生过。在日常手语交流中我们可以发现，手语在叙述某件事有没有发生时，通常会把"有"放在句末加以强调，这样的情况并不表示汉语中"有"字句的语义。由于这种现象在手语交流中非

---

[1] 刘卿, 赵晓驰. 聋人手语会话"省略"特征及对聋人汉语教学的启示 [J]. 现代特殊教育, 2023（4）: 46-53.

[2] 林皓. 中国手语一般疑问句中疑问手控标记研究 [J]. 语言研究集刊, 2018（1）: 241-255+379.

常普遍，因此，聋生把手语"有"的这种特殊用法也用到了汉语书面语的表达中，从而出现了"误加"的偏误。

三、聋生对汉语的掌握程度

如前所述，影响句法的词语偏误占所有内部偏误的28.17%。其中，在方位词和助词"的""了"的使用上存在较多的偏误，也是源于聋生对此类词语的词义与用法没有完全掌握。

吕会华（2019）[①]指出，手语中不常使用词汇化的方位词，而是直接使用空间来表达。因此，聋生在书写汉语时，方位词缺失现象比较严重。此外，聋生没有掌握此类词语本身的词义和词法，使用时并不清楚用与不用的区别以及该如何使用，也是造成此类偏误的重要原因。

例如，在本语料库中，"上、里"等这些表示具体位置的方位词，学生运用时是含混不清的。如"例51 我的默写达人找不到了，我的桌子【】没有"这句话缺了方位词"里"。方位词有定位性，与实词组成方位短语，表示空间位置。[②]这句话要表达的是空间上的有无，因此要加上"里"。学生并没有真正理解这类词语的用法。

助词"了"的偏误原因也是如此。"了"可以是动态助词，可以是语气助词；可以在动词后，可以在句尾；其语法意义和使用条件都比较复杂。对于非汉语母语者，"了"的习得是难点；在手语中，"了"也根本不出现，对于以手语为主要交流语言的学生来说，掌握"了"的用法是非常困难的。

此外，本语料库中还有"词语误用"偏误。例如，聋生把"有的"和"有"混淆，用"有的"替代"有"，日常的句子练习中也常出现这样的偏误。"有"表示拥有、存在，是一个联系动词；而"有的"常用来指代一部分人或物，表示在某个范围内有某种情况，是指示代词。再如，聋生将"有"误代为实义动词，误代为"能"，也是源于对词义、词法特征没有完全掌握。因此，聋生在学习语言知识时，需要对近似词进行词义和用法上的分辨，加强词语的积累，才能减少偏误的发生。

---

① 吕会华.中国手语语言学[M].北京：知识产权出版社，2019：158.
② 黄伯荣，廖序东.现代汉语：下册（增订六版）[M].北京：高等教育出版社，2017：6.

第 5 节　教学建议

一、完善"有"字句学习体系，系统安排语法练习模块

聋校课程设置中并没有专门的汉语言学习课程，聋生在聋校学习语言是通过"语文"来实现的，与健听学生的学习过程相同。然而，聋校的绝大多数聋生不能像以汉语为母语的健听学生一样自然习得汉语，他们对句法结构、语义等内容的掌握需要教师结合句型的本体知识开展相应的句式练习。

低年级学段语文教材中"有"字句的出现情况如表 3.8 所示。

表 3.8　部编版聋校语文教材一~三年级"有"字句的出现情况

年级	句式	教材中的语句	学习要求
一下	T1：A+ 有 +B （A 为处所、时间短语，表存在）	书桌上有台灯。 这个超市里有羽毛球。 今天有美术课吗？	课后练习 仿写
二上	T7：A+ 有 +B+C T1：A+ 有 +B	小丽的门牙掉了，有人笑她。 超市里有各种各样的水果。	随文阅读
二下	T1：A+ 有 +B （表存在、包括） T6：A+ 有 +V （表变化）	河的对岸有一座低矮的小山。 中国姓氏有许多，赵、钱、李…… 一次比一次有进步。	随文阅读
三上	T1：A+ 有 +B T7：A+ 有 +B+C	假山下有一口大水缸。 她多么盼望有医生来给她治病啊。	随文阅读
三下	T7：A+ 有 +B+C T2：A+ 程度副词 + 有 +B	有几个小朋友正在柳树下玩。 匡衡勤奋读书，终于成了一个很有学问的人。	随文阅读

从一~三年级语文教材中的学习内容来看，聋生从一年级下册开始正式接触"有"字句，句型结构为"表示存在"的"A+ 有 +B"句型。从二年级上册开始逐渐出现了"有"字句的其他句型，但是被列为专项语言进行学习并练习的，只有一年级下册的"仿写"练习，其目标是仿写"何处有何物"。其他年级的聋生对

"有"字句的学习，都只限于随文阅读，并没有专门提出来学习，更没有相应的专题教学。

从前文分析中可以看出，在语文学习中安排系统的句式练习模块对于聋生的语言学习是非常必要的。因此，建议教师在语篇阅读的基础上，根据聋生"有"字句的偏误特点，以句型结构为基础，结合语义类型编写"有"字句的专项练习。

如"T1：A+有+B"句型，需重点练习表示列举的句型结构，即"A+有+B1、B2、B3……"。T1中此句型偏误率较高，占T1的37.21%。因此，T1句型看似最简单，但还需根据句型结构特点有所侧重地开展教学。"T7：A+有+B+C（VP）"句型，重点在于"有"的宾语不能遗漏，要加强VP结构中述语的使用练习。"T5：A+有+多/多么/那么+adj"句型，因为宾语是形容词，在偏误类别中"有"的误用较多，需辨析该用还是不该用"有"，是该用"有"字句还是形容词谓语句。

二、引导聋生比较手语和汉语的语法特征，进行比较教学

聋校中大多数聋生在小学一年级入学时，没有掌握汉语，也不会手语，在校内其实是在同时学习两种语言。在聋生建立起较为稳定的汉语或手语语言系统后，教师应帮助学生把两种语言的语法特征进行比较，形成对两种语言语法特征的正确认知，减少相互影响。这样的比较可以在聋生对汉语和手语都有了一定的学习后，在第二学段（四～六年级）再开展。教学中可以通过手语和汉语的"转写"辨别手语和汉语不同的语序和表达形式。

"有"在手语的表达中，最突出的特点是表示"存在"的"有"往往被省略，而表示"是否发生过"的"有"的使用频率却很高，且放在句末。这与汉语的表达形式完全不同。因此，对于聋生"有"字句的学习，可以通过手语－书面语的转写，结合语义和句型结构特点，引导学生认识、理解汉语和手语中"有"的不同表达形式。了解手语表达的特殊规律，聋生才能分清在汉语书面语中什么时候该用"有"字句，什么时候不该用。

三、依据聋生不同的语言类型，开展差异教学

差异教学是指在班集体教学中立足学生差异，满足学生个别的需要，以促

进学生在原有基础上得到充分发展的教学。[①] 义务教育阶段的聋生在语言能力和学习能力上的个体差异比较大。在语言的使用上，聋生的康复水平、口语能力不同，在言语方式上也不同。如前所述，本研究中把聋生按优势语言能力分成了五类。在"有"字句的运用中，这五类聋生的偏误率和偏误分布也各有不同。在进行"有"字句教学时，应当基于聋生的语言类型，进行差异化设计与教学。

从前文的统计与分析中得知，"手口一般"学生出现"有"字遗漏的偏误率最高；对于"有"字多余偏误，"手口均优"学生的偏误率最高。而主语偏误率最高的是"口语优势"学生，主要表现在主语残缺。在方位词和助词"的""了"的使用偏误中，"手语优势"学生的偏误率最高。从实践中来看，这也是符合聋生的学习特点的。因此，在教学中，教师应该结合各种语言类型学生的偏误情况，明确重点教学对象和主要目标，设计符合学生语言发展需求的课程内容。

例如，在对"有"字句中方位词、助词的使用进行课程设计和讲解时，要以"手语优势"学生为重点教学对象。以形象化的物品、图片直观呈现某种状态，可以通过图片与书面语的对照来辨析是否需要使用方位词、助词等；也可以通过正确句和偏误句的辨析来帮助学生掌握汉语书面语的表达方式。

再如，针对"有"字遗漏这种偏误的教学，应该把"手口一般"学生作为重点教学对象。在教学方法上，采用手语和汉语对比的方式开展教学。值得进一步说明的是，对于这一类型的学生，不只要教他们汉语书面语的正确表达方式，还应教他们手语的表达方式。从前文的偏误分析中可以看出，"手语优势"学生对手语是能熟练运用的，在使用"T7：A+ 有 +B+C"句型时反而比有一定口语能力的"手口一般"学生的偏误率低。我们也可以推测，熟练使用手语也有助于学生学习汉语。因此，因材施教、差异教学，是非常有必要的。

---

① 华国栋. 差异教学论 [M]. 北京：教育科学出版社，2001：30.

第四章 聋生"是"字句偏误分析*

第1节 引言

"是"字句是"是"做谓语中心词的句子。肯定句的语法结构为：(主语)+是+宾语。否定句在"是"前加"不"：(主语)+不是+宾语。"是"字句的疑问形式有三种：(1) 句尾加疑问助词"吗"(如"您是张先生吗？")；(2) 正反疑问式(如"您是张先生不是？")；(3)"是不是"的疑问格式在句子开头、末尾或谓语前(如"是不是明天开始放假？""我们明天开始放假，是不是？""我们是不是明天开始放假？")

从结构特点来看，能充当"是"的主语和宾语的词语是多种多样的，几乎一切实词和短语都可以。按照主语和宾语的关系，可以分为多种类型：表示等同和归类；描写(性格、特征等)，说明(时间、处所等)；存在；解释、阐释等。[1]

关于"是"的性质说法不一。"是"字句有广义和狭义之分。本研究不包含作为副词使用的"就是""还是"等词中的"是"，以及"尤其是""凡是""特别是"等较为固化的结构中的"是"，也不包括聚焦式"是"字句，即"是……的"句，此句在本书中有专门的论述。

聋生"是"字句的相关研究目前仅见于卢雪飞、王玉玲(2018)[2]基于自建语料库对手语为母语的高中聋生进行"是"字句的偏误分析。研究发现：多"是"字

---

* 本文部分内容已发表。陈凌云，卢雪飞，王玉玲.基于语料库的聋生汉语"是"字句偏误分析[J].中国听力语言康复科学杂志，2024，22(4)：388-392.

[1] 刘月华，潘文娱，故韡.实用现代汉语语法(第三版)[M].北京：商务印书馆，2019：668-681.

[2] 卢雪飞，王玉玲.高中听力障碍学生"是"字句偏误分析——基于语料库的研究[J].现代语文，2018(1)：164-168.

的偏误＞"是"字句内部偏误＞缺"是"字的偏误；多"是"字的偏误句中形容词谓语句误用为"是"字句的比例较高；"的"字短语对"是"字句内部偏误有较大影响；"是"字句中代词做主语时容易缺失"是"字。"是"字句偏误的原因有："是"字句本身特点的制约；手语负迁移；听障学生其他语法掌握不佳的影响；教材和教学方面的不足。提出的教学建议有：加强"是"字句主宾语语义关系的教学；教授自然手语和"是"字句的转化规则；科学安排教学顺序，注意句式的区分。

外国学生学习汉语"是"字句的偏误研究成果较为丰富。

张丹（2013）[①]就母语为英语的汉语学习者习得"是"字句进行偏误分析，将偏误分为遗漏、误加、误用、语序偏误、"主语＋是＋宾语"中主语和宾语关系不对应五大类。钮萌、钱恒（2013）[②]对母语为韩语的汉语学习者习得语料中"是"字句的五种基本句型，即"主语＋是＋名词性词语""的字短语＋是＋……""主语＋是＋动／形／小句""主语＋是＋形容词（短语）＋的""主语＋是＋动词（短语）＋的"进行了归类分析。

刘艳娇和王静（2014）[③]基于 HSK 动态作文语料库对"是"字句习得情况进行考察，不区分汉语学习者的母语背景，将"是"字句偏误分为三大类：该用而未用、不该用而用、内部偏误。认为"是"字句偏误的原因有："是"字句本身特点的制约；目的语规则泛化；难易度和相似度的影响；教材编排方面的不足。其他研究的教学建议比较宏观，而刘艳娇和王静的较为具体：加强"是"字句主宾语语义关系的教学；明确"是＋谓词性结构"的使用条件；注意句式的区分。

秋霞（2021）[④]认为"是"字句的所有偏误类型中最多的是"遗漏"，达到总数的 85％ 左右。其研究分析了各语义类型、复合句中的分句、无主语、固定用法等句子中"是"字的遗漏情况，得出偏误的原因有：学习者主观因素、教材和大纲中的问题、教师教学的问题。祁峰、田子叶（2023）[⑤]基于华东师范大学留学生汉语中介语语料库，以广义"是"字句为例，分析了中亚留学生语法习得的偏误情况。

---

① 张丹.以英语为母语的汉语学习者习得"是"字句的偏误分析［D］.长沙：湖南大学，2013：8-22.
② 钮萌，钱恒.高级水平韩国留学生"是"字句习得研究［J］.华章，2013（13）：191-192.
③ 刘艳娇，王静."是"字句习得情况考察［M］//张宝林，等.基于语料库的外国人汉语句式习得研究.北京：中国书籍出版社，2014：264-287.
④ 秋霞.外国学生"是"字句遗漏偏误研究［J］.文学教育（下），2021（3）：153-156.
⑤ 祁峰，田子叶.中亚留学生"是"字句偏误研究［J］.汉语教学学刊，2023（1）：56-70.

发现焦点标记"是"和强调标记"是"的正确使用频率都较低，判断词"是"和对比标记"是"的正确使用频率都较高，最突出的偏误为判断词"是"的偏误。偏误类型为遗漏、冗余、误用、错序，其中"遗漏"是最主要的偏误类型。偏误原因主要有教材不够细化、教师对相关本体知识和习得规律不够重视、语言负迁移、汉语自身规则的泛化等。

第2节 聋生"是"字句的偏误类型

一、总体情况

本语料库把聋生"是"字句偏误分为三大类："该用未用"72句，占"是"字句偏误总数的14.60%；"不该用而用"72句，占"是"字句偏误总数的14.60%；内部偏误349句，占"是"字句偏误总数的70.79%，详见表4.1。

表4.1 聋生"是"字句偏误类型分布

	该用未用	不该用而用	内部偏误	总计
数量（句）	72	72	349	493
比例	14.60%	14.60%	70.79%	100%

二、聋生"是"字句偏误类型

（一）该用未用

"该用未用"是指在汉语母语者一般会使用"是"字句的情况下，聋生未用"是"字句的中介语现象。此类偏误共72句，包括"是"字残缺（71/98.61%）和"是"字误用（1/1.39%）两种情况，详见表4.2。

表4.2 聋生"是"字句"该用未用"的偏误类型及其分布

一级偏误	二级偏误	三级偏误	数量	比例
该用未用	"是"字残缺 71/98.61%	单纯缺"是"字	28	38.89%
		缺"是"字的同时有其他偏误	43	59.72%

(续表)

一级偏误	二级偏误	三级偏误	数量	比例
该用未用	"是"字误用 1/1.39%	该用"是"字而误用为"有"字	1	1.39%
	合计		72	100%

1. "是"字残缺

"是"字残缺偏误是指由缺少"是"字及其他问题导致偏误的中介语现象，包括两种情况：单纯缺"是"字（28/38.89%）、缺"是"字的同时有其他偏误（43/59.72%）。

（1）单纯缺"是"字

该偏误是指增加"是"字就是正确的"是"字句的情况。语料中除1句来自四年级学生外，其他来自七～九年级学生，包括"手语优势""口语优势"和"手口均优"三类学生，没有"手口一般"和"手口均差"学生。根据宾语的语法结构可将语料分为两类。

例1　今天【　】我的生日。（四年级，手语优势）

例2　她【　】特别值得我们去尊敬的人。（八年级，手口均优）

例3　他【　】残疾人，想【　】超过普通人的实力。（九年级，口语优势）

第一类宾语是名词或名词短语，共22句，如例1、例2、例3。其中例1是唯一一句来自四年级学生的语料。

例4　我的愿望【　】考上联大。（九年级，口语优势）

例5　我只挑了一个牛肉面，【　】为了让她尝一下。（九年级，手语优势）

例6　我们玩的游戏是"绑脚走"，就【　】两个人用绳子绑好脚一起走路。（六年级，手口均优）

第二类宾语为动词短语或小句，共6句。"手语优势"者1句、"手口均优"者2句、"口语优势"者3句，如例4、例5、例6。

（2）缺"是"字的同时有其他偏误

该偏误是指缺少"是"字，同时还有其他语法偏误的情况。其语料在四～九年级学生中均有产出，包括"手语优势""口语优势"和"手口均优"三类学生。

例7　三个奖状都【　】第三名了。（五年级，手语优势）

例8　二分之一的【　】【　】医护人员的脸，另二分之一的【　】【　】人的哭脸。（九年级，手语优势）

例9　红军的精神【　】不折不挠、勇敢前进、不畏牺牲而拼搏的英雄。（九年级，手语优势）

例10　希望我在九年级里健步如飞，不希望【　】像以前一样【　】嘻嘻哈哈的少年。（九年级，口语优势）

例11　大姨不是来欺负我，【　】【　】为了让我未来语言像普通人一样。（七年级，手口均优）

相比单纯缺"是"字的语料，此类偏误中宾语成分更为复杂。"手语优势""口语优势"和"手口均优"三类学生的语言表达能力依次增强。例7、例8、例9为"手语优势"聋生的语料，他们在助词"了"、主语以及主语中心语的使用上存在问题，正确句依次为"三个奖状都是第三名""二分之一的画面是医护人员的脸，另二分之一的画面是人的哭脸""红军是不折不挠、勇敢前进、不畏牺牲而拼搏的英雄"。例10是"口语优势"聋生的语料，仅缺少"还""是"两个词，语言表达准确性更高，词语更丰富。例11是"手口均优"聋生的语料，虽然聋生年级较低，但已有运用"不是……而是……"关联词的意识。

2. "是"字误用

"是"字误用是指将"是"字误用为其他词语而导致偏误的中介语现象，此类偏误共1句，是将"是"字误用为"有"字，占"是"字句"该用未用"偏误总数的1.39%。语料来自八年级"手口均差"聋生。

例12　它们很可爱，有淘气的动物。（八年级，手口均差）

例12表达的是归属义，"它们"是"动物"的一类，应使用"是"字句，而不应使用拥有义的"有"字句。

（二）不该用而用

"不该用而用"是指在汉语母语者一般不会使用"是"字句的情况下，聋生使用了"是"字句的中介语现象。此类偏误包括两种情况："是"字多余（61/84.72%）、"是"字误用（11/15.28%），详见表4.3。

表 4.3　聋生"是"字句"不该用而用"的偏误类型及其分布

一级偏误	二级偏误	三级偏误	数量	比例
不该用而用	"是"字多余 61/84.72%	动词谓语句中"是"字多余	35	48.61%
		形容词谓语句中"是"字多余	12	16.67%
		"是"字句、"是……的"句中"是"字多余	4	5.56%
		其他	10	13.89%
	"是"字误用 11/15.28%	该用"有"字而误用为"是"字	3	4.17%
		该用动词而误用为"是"字	7	9.72%
		该用介词而误用为"是"字	1	1.39%
合计			72	100%

1. "是"字多余

"是"字多余是指由"是"字多余而导致偏误的中介语现象，包括如下几种情况：动词谓语句中"是"字多余、形容词谓语句中"是"字多余、"是"字句与"是……的"句中"是"字多余以及其他。

（1）动词谓语句中"是"字多余

动词谓语句在汉语中最占优势，是指动词做谓语的句子，主要叙述人或事物的动作行为、心理活动、发展变化等。[①] 动词谓语句中"是"字多余语料出自三～九年级学生，五种语言类型均包括，其中"手语优势"聋生此类语料最多。在各语言类型上语料分布情况为："手语优势"（19句）、"口语优势"（7句）、"手口一般"（5句）、"手口均优"（3句）、"手口均差"（1句）。

该偏误根据"是"字在句子中的位置分为三种情况：宾语前"是"字多余（21句）、谓语前"是"字多余（9句）、句首即主语前"是"字多余（5句）。

情况一：宾语前"是"字多余

例 13　到家了，我和妈去超市里饭店吃是米线。（四年级，手语优势）

例 14　我很感谢我的指导老师是魏老师。（八年级，手语优势）

例 15　我带一些作业和是姥姥家要东西带回姥姥家去。（九年级，手语优势）

---

① 刘月华，潘文娱，故韡.实用现代汉语语法（第三版）[M].北京：商务印书馆，2019：657.

例16　我去拿一张叠成飞机，我把纸写来是"祝李现哥哥生日快乐！"然后，我用力把飞机冲上天空。（七年级，口语优势）

宾语前"是"字多余的偏误，在三～九年级聋生中均有出现，各语言类型聋生均有，其中在"手语优势"聋生中出现的最多（12句）。绝大多数句子（20句）的宾语为名词或名词短语，如例13、例14、例15；例16的宾语为小句，从单句角度看，可以用"是"字句（"我在纸上写的是'祝李现哥哥生日快乐！'"），也可以用一般动词谓语句（"我在纸上写下'祝李现哥哥生日快乐！'"）。结合上下文来看，这句话想表达的是"拿"纸、"叠"飞机、"写"字、"冲"上天空一系列的动作行为，应使用动词谓语句表达。

情况二：谓语前"是"字多余

例17　我是从六年级1班升到了初一2班了，又来了一位新的班主任。（七年级，手口均差）

例18　我以前是不明白珍惜，现在我知道珍惜是要爱护，不要乱扔东西。（九年级，手口一般）

谓语前多"是"字的偏误语料出自七、八、九三个年级的聋生，包括了五种语言类型。例17是日记的开篇，描述事情的发展变化，应使用动词谓语句，去掉"是"字。例18是想描述以前和现在的心理状态，应使用动词谓语句，去掉"是"字。

情况三：句首即主语前"是"字多余

例19　长大不多一些，是我从懂事一点开始，我发现妈妈后背上留下了很多的受了中伤……（九年级，手语优势）

句首即主语前"是"字多余的偏误语料均出自七年级和九年级"手语优势"聋生。从形式上看，这类句子和"是"字句中表示解释的无主句句法结构一样："是"字前面无主语，"是"字后边紧跟着名词性词语充当"是"的宾语，形成动宾短语，有时又充当后面动词的主语。[①]但从语义上看，这类句子并非解释主体是谁，而是叙述动作行为、心理活动、发展变化，应采用动词谓语句。例19并不强调主语是谁，应使用一般动词谓语句，去掉"是"字。

---

① 刘月华，潘文娱，故韡．实用现代汉语语法（第三版）[M]．北京：商务印书馆，2019：683．

（2）形容词谓语句中"是"字多余

例20　我作业不是多，我可以写。（六年级，手口一般）

例21　他的观察，指挥是高明。（八年级，手口均差）

例22　这一刻我明白了，她人生都是努力。（九年级，手语优势）

形容词直接做谓语、前面不用"是"或其他动词的句子是形容词谓语句，主要作用是对人或事物的性状加以描写，说明事物的变化。[①] 聋生形容词谓语句中多"是"字的偏误共12句，语料出自六~九四个年级的聋生，包括除"手口均优"之外的四种语言类型。有单纯多"是"字的，也有同时伴随其他偏误的。例20、例21去掉"是"字即为正确的形容词谓语句。例22中的"她"是初中生，句子的本意不是想评价她的人生，而是想说"她一直都很努力"，应该用形容词谓语句。

（3）"是"字句、"是……的"句中"是"字多余

例23　今天，老姑父来了，是妹妹和弟弟是儿子和女儿，老姑父去石买玉米，下午，来了，老姑父打妹妹，妹妹哭了。（四年级，手语优势）

例24　这本书使我深深的懂得，只要我们热爱生活充满信心，我们的生活就是一定是灿烂美好的。（六年级，手口一般）

此类偏误共4句，出自四、六、七年级"手语优势"和"手口一般"聋生。其中"是"字句中"是"字多余的偏误共3句，如例23想表达的是"我的妹妹和弟弟是老姑夫的儿子和女儿"，句首误加了"是"字，同时缺少必要的定语，造成语义不明。"是……的"句中"是"字多余的偏误有1句，即例24，去掉第一个"是"字即为正确的"是……的"句。

（4）其他

例25　我养过小狗、兔（错字）子、乌龟、鸭子。第一是小狗，小狗是姐姐养的，小狗是棕色的长毛……（一段）。第二是鸭子……（一段）。第三是乌龟……（一段）。第四是兔子……（一段）。（八年级，手口均差）

例26　她乘八号线，我乘六号线，没错，不是同路。（九年级，手语优势）

其他类型的偏误共10句，来自两个学生，分为两种情况。第一种情况为"序数词+是"表达先后顺序，来自一名"手口均差"学生的同一篇语料，即例25，

---

① 刘月华，潘文娱，故韡. 实用现代汉语语法（第三版）[M]. 北京：商务印书馆，2019：660.

全文共四段，第一段总说自己养过四种小动物，然后每段介绍一种小动物的情况，每段的第一句均用"第 X 是"作为开篇，相当于"先说""再说""然后说""最后说"。第二种情况为去掉"是"字就是正确句，共 4 则语料，均来自一位九年级"手语优势"的聋生，如例 26 中"同路"不是名词，不能作为"是"字的宾语，应去掉"是"。

2. "是"字误用

该偏误包括三种情况：该用"有"字而误用为"是"字（3 句），该用动词而误用为"是"字（7 句），该用介词而误用为"是"字（1 句）。

例 27　他问："谁告诉你什么活动？是老师告诉你吗？"他说："对啊，老师告诉我，是展览馆活动。"（九年级，手语优势）

例 28　但在红圈中白白的圈，是小小的面积，冰壶正好那里上，就胜利！如果没中，就让另对方来打攻！（九年级，手语优势）

该用"有"字而误用为"是"字的语料来自六、八、九年级"手语优势"和"手口均差"聋生。例 27 应为"老师告诉我有展览馆的活动"；例 28 说的是冰壶运动，应为"红圈中有白圈，仅占小小的面积"。

例 29　这一件事，是妈妈对我的爱，是我永远不忘的事。（七年级，手语优势）

例 30　买齐后，又是以前的地方的样子。我又找个位置坐下等妈妈。（七年级，手口均差）

该用动词而误用为"是"字的偏误涵盖六～九年级的聋生，从语言类型上看偏误数量从高到低依次为：手语优势（4 句）、手口均差（2 句）、口语优势（1 句）。例 29、例 30 中"是"字应该为动词短语"体现了""回到"。

例 31　我的家乡就是河南。（九年级，口语优势）

该用介词而误用为"是"字的偏误有 1 句，即例 31，来自九年级的一名"口语优势"聋生，这句将"是"字改为"在"字即可。

（三）内部偏误

"内部偏误"是指在语境中应该用"是"字句，聋生虽然实际使用了，但在句中存在错误的偏误现象。根据偏误的出现位置、性质分为句法成分偏误、语序偏误、词语偏误和杂糅偏误四大类，如表 4.4 所示。

表 4.4 聋生"是"字句内部偏误类型及其分布

一级偏误	二级偏误	三级偏误	四级偏误	数量	比例
内部偏误	句法成分偏误 252/72.21%	主语偏误 117/33.52%	主语及中心语残缺	67	19.20%
			主语及中心语多余	6	1.72%
			"的"字短语偏误	44	12.61%
		宾语偏误 89/25.5%	宾语及中心语残缺	62	17.77%
			宾语中心语多余	4	1.15%
			"的"字短语偏误	8	2.29%
			宾语为小句的偏误	15	4.30%
		定语偏误 23/6.59%	定语内部成分的残缺	23	6.59%
		状语偏误 23/6.59%	状语残缺	12	3.44%
			状语多余	11	3.15%
	语序偏误 24/6.88%	—	多项定语错序	9	2.58%
			"是"字前置	6	1.72%
			状语错序	7	2.01%
			"的"字错序	2	0.57%
	词语偏误 109/31.23%	助词偏误 64/18.34%	结构助词"的"的偏误	51	14.61%
			助词"了"的偏误	13	3.72%
		介词偏误 11/3.15%	介词偏误	11	3.15%
		方位词偏误 3/0.86%	方位词偏误	3	0.86%
		其他 31/8.88%	词性误用	3	0.86%
			词与短语混用	19	5.44%
			其他	9	2.58%
	杂糅偏误 2/0.57%			2	0.57%
	合计			387	

说明：一个句子中可能有多处偏误，349 句共计 387 处偏误，比例 = 各类偏误数量 / 内部偏误总句数，因此比例总和大于 100%。

1. 句法成分偏误

聋生"是"字句句法成分偏误比例从高到低为：主语偏误（117/33.52%）、宾语偏误（89/25.5%）、定语偏误（23/6.59%）、状语偏误（23/6.59%）。

（1）主语偏误

主语偏误有117处，偏误情况有：主语及中心语残缺、主语及中心语多余、"的"字短语偏误。

①主语及中心语残缺

例32　我在教室里（上）手语课，【　】是《我和我的祖国》。（学习的/学习的内容）（四年级，口语优势）

例33　徐悲鸿是著名的画家，他的画，尤其是他画的马。在全世界都很有名。同样【　】也是一个爱国者。（他）（九年级，口语优势）

例34　这《火影忍者》动漫剧主要的【　】是为珍贵的羁绊而战。（内容）（九年级，口语优势）

例32是主语完全残缺，导致语义不清，应补充"学习的/学习的内容"。例33也是主语残缺，但主语应为代词"他"。在本语料库中，主语应为代词但缺失，如缺"他""那"等，诸如此类的偏误有23处。例34缺失了中心语，使句意不明确。

②主语及中心语多余

例35　今天日子是冬至。（五年级，手语优势）

例36　手机的样子是一个长方体。（九年级，口语优势）

例35是主语内部结构中的成分多余，此句应把"日子"删去。例36主语中心语"样子"和宾语中心语"长方体"不搭配，应去掉"的样子"。

③"的"字短语做主语的相关偏误

例37　我们去玩过山车，我害怕【　】是过山车会不会掉下来。（的）（七年级，手语优势）

例38　我的印象最深是：那天，路飞听到自己的哥哥要被判刑。（八年级，手语优势）

情况一："的"字短语中缺"的"字，此类偏误共38处。例37，"我害怕"是谓词性短语，本句应该用名词性短语做主语，加上"的"。

情况二:"的"字短语内部语序出现偏误,共6处。例38应为"我印象最深的是……"。

（2）宾语偏误

该偏误有89处,占所有"是"字句内部偏误的25.5%。具体偏误情况有:宾语及中心语残缺,62处;宾语中心语多余,4处;"的"字短语偏误,8处;宾语为小句的偏误,15处。

①宾语及中心语残缺

例39　他们看到了,并冲过来问我:"?！你嘲笑？你笑什么？"我心里恐慌起来了！ 我说:"我不是嘲笑的,我刚刚想起了那好笑的画面啊！"（七年级,手语优势）

例40　童年,是小孩子拥有简单的快乐【】。（的时期）（九年级,口语优势）

例41　陈老师是个非常温柔【】。（的人）（六年级,手口一般）

例39缺少宾语,同时也多"的"字,根据语境,这句话应是"我不是嘲笑你们"。例40、例41均是宾语中心语残缺,都是宾语应为定中短语,但是缺失了中心语,使主宾语义不搭配。例40应加上"的时期",例41应加上"的人"。宾语中心语残缺的偏误有60处。

②宾语中心语多余

例42　今天是国庆节的日子。（九年级,手语优势）

例42中"的日子"多余,应为"今天是国庆节"。

③"的"字短语偏误

例43　这个是请你们吃【】或明天我吃【】。（的）（六年级,口语优势）

例44　背景是漆黑【】。（的）（九年级,手语优势）

此类偏误是指应该用"的"字短语,但是缺失了"的",使宾语成分的性质发生了改变。例43中"吃"和例44中"漆黑"都是谓词,而在句子中,应该用名词,加上"的",构成"的"字短语。

④宾语为小句的偏误

例45　我们拿起礼物送给崔老师。这是我感到我们依依不舍崔老师。

例46　应该是大脑或眼睛没休息好或【】过度了。（疲劳）

例47　追求服装美,要有好眼光和想象力去设计,考虑人如何穿得舒服,不是随便想【】就画什么。（什么）

例 48　他的特点是打乒乓球【　】。（很厉害）（九年级，口语优势）

此类偏误是宾语为小句或复句时出现的偏误。例 45 应为"这是我们表达对崔老师的依依不舍之情"。例 46 应为"疲劳过度了"。例 47 宾语是紧缩复句，是固定搭配的词语残缺偏误，应为"不是随便想什么就画什么"。例 48 是宾语为小句的谓语残缺偏误，"特点"和"打乒乓球"是不对应的，应为"他的特点是打乒乓球很厉害"。

（3）定语偏误

此类偏误是指"是"字句中修饰主、宾语的定语存在错误的中介语现象，共 23 处，占所有"是"字句内部偏误的 6.59%。

例 49　（鸦片，我了解，是一种毒品。）在我们身边危害很大，不仅会毁我们的身体，也会毁中国的。【　】目的是为了让中国丧失战斗力。（外国这样做的）（九年级，手语优势）

例 50　陈老师讲的是《我想对您说》【　】作文。（这个）（六年级，手口一般）

例 49 从语境上看，此句中的"目的"缺失了定语，导致语义不清。例 50 缺失了起到定指作用的成分"这个"，导致语句不通。

（4）状语偏误

此类偏误是指修饰"是"的状语残缺或多余，造成语义的不准确。

例 51　我们人类生活的星球只有一个，那【　】是地球。（就）（九年级，口语优势）

例 52　虽然我【　】是小小的路灯，但是如果没有我，到晚上就没有灯了，永远都是黑的。（只）（七年级，手口一般）

例 53　这就是多么美好的一天。（八年级，手语优势）

例 54　东方曜和东方镜都是姐弟的关系。（九年级，口语优势）

例 55　不知道这什么意思，不知道为什么我笑了。哎，我还是开心果。（七年级，手语优势）

例 51、例 52 是状语残缺的偏误。例 51 应加上"就"，表示"加强肯定"，此句应为"那就是地球"。状语偏误中缺"就"的偏误有 9 处，占所有状语偏误总数的 39.13%。例 52 应加上"只"，表示"仅限于"，句子应为"虽然我只是小小的路灯"。

例 53-例 55 是状语多余的偏误。例 53 只是描述今天，无需用"就"加强肯定。例 54 多了"都"，"都"表示总括，而本句是描述主语中两者的关系，不是对二者进行总括归类。例55多了"还","还"表示现象继续存在或动作继续进行,此句前文中并没有对"我"的特点的描述,所以加"还"是不符合语义的。

2. 语序偏误

聋生"是"字句语序偏误主要包括多项定语错序偏误（9/2.58%）、"是"字的位置偏误（6/1.72%）、状语错序偏误（7/2.01%）、"的"字错序偏误（2/0.57%）。

例56　真是快乐的一节网课。（六年级,口语优势）

例57　明天是什么？是明天我过生日。（八年级,手语手势）

例58　这是你旷课。（八年级）

例59　我在学校开心的一件事是多交流老师或同学。（七年级,口语优势）

例60　这是我在家线上网课领悟到道理的。（九年级,口语优势）

例56是修饰宾语的多项定语错序偏误。"一节"是表示数量的限定性定语,"快乐"是描写性定语,递加关系定语的排列顺序为：限制性的 + 数量词语 + 描写性的。因此此句应为"真是一节快乐的网课"。多项定语错序偏误是语序偏误中占比较多的一类。

例57、例58都是"是"字前置的偏误。例57"是"应在"明天"后,根据语境,这里并没有强调"明天"的意思,因此此句应为"明天是我生日"。例58"是"同样应在"你"后,联系主语和宾语,正确语序为"你这是旷课"。

例59是状语错序偏误,应为"和老师或同学交流"。例60是"的"字错序偏误,应为"领悟到的道理"。

3. 词语偏误

聋生"是"字句的词语偏误,按偏误比例从大到小依次为：助词偏误（64/18.34%）、其他（31/8.88%）、介词偏误（11/3.15%）、方位词偏误（3/0.86%）。

（1）助词偏误

①结构助词"的"的偏误

结构助词"的"的偏误共51处,包括以下情况：句中缺结构助词"的"、结构助词"的"多余、结构助词"的"误用。

A. 句中缺结构助词"的"

例61　我们看【　】电影是《重返十七岁》。（的）（八年级,手语优势）

例 62　我对外号【　】看法是要给别人起好外号。（的）（九年级，手口一般）

例 63　数学是我【　】缺课。（的）（八年级，手语优势）

例 64　我在滑冰【　】目的是锻炼一下而已。（的）（九年级，手语优势）

例 61 应是"动词+的+中心语"的结构，缺了"的"，使"看"和"电影"形成了述宾关系，结构和意义都发生了变化。这种类型的偏误共有 21 处，是词语偏误类型中占比最多的一类。例 62 是"介词短语+的"的结构，介词短语做定语，后面要用"的"，因此，此句应为"我对外号的看法是要给别人起好外号"。例 63 中"缺课"表达的是"薄弱科目"的意思，"人称代词+的"的结构做定语表示领属关系，后面要用"的"[①]，因此应为"数学是我的薄弱学科"。例64是"主谓短语+的+中心语"做主语的结构，主谓短语做定语，一般也要用"的"，此句应为"我滑冰的目的是为了锻炼"。

B. 结构助词"的"多余

例 65　这几天看的新闻是有关于湖北、武汉的地区的人们正在想办法怎么把新型病毒消灭。（九年级，口语优势）

例 66　应该是担忧的春节吧。（九年级，手语优势）

例 67　学生会干部竞选，还是老规矩的。（九年级，手语优势）

例 65 中"湖北、武汉"和"地区"结合成为一个地区的名称，中间不加"的"[②]，应为"湖北武汉地区"。例 66 误加"的"，此句应该用动宾短语"担忧春节"做宾语。例 67 是句尾"的"多余，应为"还是老规矩"。

C. 结构助词"的"误用

例 68　背着是《女子和她的母鸡》。（六年级，口语优势）

此句把"的"误用为"着"，应为"背的是《女子和她的母鸡》"。"的"在这里是结构助词，附在"背"字后，修饰的是省略的主语"文章"。而"着"是动态助词，表示动作正在进行。因此这里是"的"误用为"着"的偏误。

②助词"了"的偏误

例 69　现在已经是秋天【　】。（了）（八年级，手口均差）

[①] 刘月华，潘文娱，故韡.实用现代汉语语法（第三版）[M].北京：商务印书馆，2019：475.
[②] 刘月华，潘文娱，故韡.实用现代汉语语法（第三版）[M].北京：商务印书馆，2019：480.

例 70　这真是从贫困乡村变成【　】小康村。（了）（八年级，手口一般）

例 71　这不是高兴的时刻了。（七年级，手语优势）

例 69 缺失语气助词"了"。语气助词"了"表示动作状态的实现。① 在本例中，因句中有"已经"，表示变化完成，因此，应该加"了"。例 70 缺失动态助词"了"。加上"了"，表示"小康村"这一状态已成为现实。缺失"了"的偏误有 7 处。例 71 表达的是某一具体的时刻，没有"完成"或"实现"的语义，不应加"了"。

（2）介词偏误

例 72　美不是【　】外貌上看。（从）（九年级，手语优势）

例 73　它不吃干饭，加上蛋黄它才吃，而且必须是【　】手上喂它。（在）（九年级，手语优势）

例 74　下午坐公交车的时候，我看到 7 路跟以前的 7 路长车不一样，是用电动车。（七年级，口语优势）

聋生"是"字句介词残缺的句子有 7 个，介词多余的句子有 4 个。例 72、例 73 均是宾语结构中的介词短语做状语，但是都缺失了介词。例 72 应加上"从"，例 73 应加上"在"。例 74 是介词"用"多余，应直接表述为"是电动车"。

（3）方位词偏误

例 75　活动（地点）是在咖啡教室里。（九年级，口语优势）

例 76　是因为你的心【　】在想什么事。（里）（九年级，口语优势）

方位词偏误有 3 句。例 75 是方位词"里"多余，此句要表达的是活动的具体位置，而不是空间关系，因此应该去掉"里"。例 76 是方位词"里"残缺，应为"是因为你的心里在想什么事"。

（4）其他偏误

其他偏误包括三种情况：词性误用、词与短语混用、其他。

①词性误用主要是名词与其他词性的混淆，有 3 处偏误。

例 77　最本领的是我画画特别好。（九年级，手语优势）

例 78　为什么输了，是不是原因你的技术不好？（八年级，手语优势）

例 77 是名词与形容词混淆，这里应该用形容词"厉害"。例 78 是名词与介词

---

① 刘月华，潘文娱，故韡. 实用现代汉语语法（第三版）[M]. 北京：商务印书馆，2019：377.

混淆，应该用"因为"。

②词与短语混用。这一类偏误在聋生语料中比较常见，有19处，多为把词语与短语混用，造成主宾不搭配。

例79　吃午饭是烤鸭。（九年级，手语优势）

例80　日记是一种爱好。（九年级，口语优势）

例81　秋天的味道是多么【　】平静（让人）（九年级，手语优势）

例79、例80都是词语与述宾短语混淆。例79应为"午饭是烤鸭"，"吃午饭"是述宾短语。而例80中"日记"是名词，这里应该用述宾短语"写日记"做主语，与"爱好"对应。例81为兼语短语，应加上"让人"。

③其他词语偏误是指其他词语的残缺或多余。

例82　小乌龟现在长大了，三年级【　】是小乌龟。（时）（八年级，手口均差）

例83　它们很可爱，是会凶凶的可爱。（八年级，手口均差）

例82应加上"时"，以表达"在三年级"这个时间点。例83中能愿动词"会"多余，应去掉"会"。

4. 杂糅偏误

杂糅偏误是指把两种句式混合使用的偏误，有2处。

例84　难道是不是还有人活着。（八年级，手口均优）

例85　他该是不是在机器人教室里。（八年级，手口均差）

例84是把"难道还有人活着"和"是不是还有人活着"两个句式一起使用，造成杂糅。例85把"该不是在机器人教室里"与"是不是在机器人教室里"混淆了。

（四）"是"字句疑问形式的偏误

聋生"是"字句疑问形式的偏误主要是指在"不是……吗"和"是不是"两种疑问形式中出现偏误。

例86　不是马上放假了吧？（九年级，手语优势）

例87　我是不是拖延症吗？（九年级，手语优势）

例88　小豆豆是不是做白日梦吗？（七年级，口语优势）

例86属于"不是……吗"结构，应该用疑问词"吗"，但却误用成了"吧"。"吧"

与"吗"相比,包含一种更为明显的揣测语气。① 例87、例88都属于"是不是"结构。"是不是"表达的是对某一情况已有比较肯定的估计,因此不需要加"吗",也可以用疑问词"呢","呢"的语气更缓和。这样的偏误有6处,都是"手语优势"学生出现的偏误。

第3节 聋生"是"字句的偏误分布

一、不同学段聋生"是"字句的偏误统计与分析

如表4.5所示,各学段聋生"是"字句的使用频率从高到低依次为:九年级、八年级、三～六年级、七年级;正确率从高到低依次为:八年级、七年级、三～六年级、九年级。九年级聋生的使用频率最高,但正确率最低,与三～六年级聋生相当。

从各学段聋生的偏误类型占比看,各学段均是"内部偏误"的占比最高。在三～六年级和七年级中,"不该用而用"多于"该用未用";在八年级和九年级中,"不该用而用"少于"该用未用"。

表4.5 各学段聋生"是"字句偏误类型分布

年级	正确句	偏误句	使用频次	使用频率（%）	正确率（%）	偏误情况		
						不该用而用 频次/频率（%）	该用未用 频次/频率（%）	内部偏误 频次/频率（%）
三～六年级（字数48817）	101	77	174	0.3564	56.74	14/0.0287	4/0.0082	59/0.1209
七年级（字数65064）	142	78	214	0.3289	64.55	19/0.0292	6/0.0092	53/0.0815
八年级（字数51393）	199	90	267	0.5195	68.86	12/0.0233	22/0.0428	56/0.1090

---

① 刘月华,潘文娱,故韡.实用现代汉语语法（第三版）[M].北京:商务印书馆,2019:424.

（续表）

年级	正确句	偏误句	使用频次	使用频率（%）	正确率（%）	偏误情况		
						不该用而用 频次/频率（%）	该用未用 频次/频率（%）	内部偏误 频次/频率（%）
九年级（字数75176）	323	248	531	0.7063	56.57	27/0.0359	40/0.0532	181/0.2408
合计	765	493				72	72	349

注：使用频次＝正确句＋不该用而用＋内部偏误；使用频率＝各学段使用频次/各学段语料字数

二、不同语言类型聋生"是"字句的偏误分析

不同语言类型的聋生在使用"是"字句时的偏误情况如表4.6所示。从整体的正确率看，"手语优势"聋生的正确率（55.24%）最低，其次是"口语优势"聋生（62.03%）与"手口均差"聋生（63.64%），正确率比较高的是"手口均优"聋生（72.27%）和"手口一般"聋生（73.79%）。

进一步分析"是"字句各种偏误类型所占的比例，可以看出，在"该用未用"偏误中，"手语优势"聋生的偏误比例（19.53%）最高。在"不该用而用"偏误中，"手口一般"聋生的偏误比例（40.74%）最高。在"内部偏误"中，"手口均优"聋生（78.79%）和"口语优势"聋生（78.43%）的偏误比例较高。相较而言，有口语优势的学生（"手口均优""口语优势"）在"是"字句上掌握得较好，出现的偏误绝大多数属于内部语法的偏误。而口语和手语均不熟练的学生（"手口一般""手口均差"）在不该用"是"字句却误用了"是"字句的偏误比例是较高的。

表4.6 各语言类型聋生"是"字句偏误类型分布

语言类型	正确句	偏误句	正确率	不该用而用		该用未用		内部偏误	
				数量	比例	数量	比例	数量	比例
手口均优	86	33	72.27%	2	6.06%	5	15.15%	26	78.79%
口语优势	250	153	62.03%	18	11.76%	15	9.80%	120	78.43%
手语优势	316	256	55.24%	35	13.67%	50	19.53%	171	66.80%

（续表）

语言类型	正确句	偏误句	正确率	不该用而用		该用未用		内部偏误	
				数量	比例	数量	比例	数量	比例
手口均差	35	20	63.64%	6	30.00%	1	5.00%	13	65.00%
手口一般	76	27	73.79%	11	40.74%	0	0.00%	16	59.26%
未知类型	2	4				1		3	
合计	765	493		72		72		349	

注：偏误类型比例 = 偏误类型数量 / 各语言类型偏误句总数

再看"是"字句内部偏误的分布情况。主语偏误中，"手口均优"学生的偏误比例最高，其次是"口语优势"学生、"手语优势"学生。

宾语偏误比例最高的是"手口一般"学生，其次是"手语优势"学生、"手口均优"学生、"口语优势"学生、"手口均差"学生。

各语言类型聋生的词语偏误比例由高到低排列为："手口均差""口语优势""手口一般""手语优势""手口均优"，从而可以看出，口语和手语都不熟练（"手口均差"）的聋生更容易出现词语偏误；口语和手语都熟练的聋生较少出现词语偏误。

表 4.7　各语言类型聋生"是"字句内部偏误类型分布

偏误类型	手口均优		口语优势		手语优势		手口均差		手口一般		未知类型	合计
	数量	比例	数量	比例	数量	比例	数量	比例	数量	比例	数量	
主语偏误	10	40.00%	46	34.33%	56	29.32%	1	8.33%	4	22.22%	0	117
宾语偏误	5	20.00%	23	17.16%	51	26.70%	2	16.67%	6	33.33%	2	89
定语偏误	2	8.00%	2	1.49%	17	8.90%	1	8.33%	1	5.56%	0	23
状语偏误	3	12.00%	9	6.72%	9	4.71%	0	0.00%	2	11.11%	0	23
语序偏误	0	0.00%	11	8.21%	10	5.24%	0	0.00%	0	0.00%	3	24

（续表）

偏误类型	手口均优		口语优势		手语优势		手口均差		手口一般		未知类型	合计
	数量	比例	数量	比例	数量	比例	数量	比例	数量	比例	数量	
词语偏误	5	20.00%	43	32.09%	48	25.13%	8	66.67%	5	27.78%	0	109
合计	25		134		191		12		18		5	385

注：本表的数量为处数，不是句数，一个句子中可能有多处偏误；比例＝各语言类型偏误数／各语言类型偏误总数

第 4 节　聋生 "是" 字句的偏误原因

一、"是" 字句特点的制约与聋生的目的语知识不足

1. 能充当主语、宾语的词语多种多样

"是" 字句的结构虽然简单，但能充当 "是" 字句的主语、宾语多种多样，几乎一切实词、短语都可以。[①] 其中代词、"的" 字短语做 "是" 字句的主语、宾语的句子难以习得。代词的指别、称代作用对听障学生来说是习得难点（如例 33），由缺少代词造成的主语偏误就有 23 处，占 "是" 字句内部偏误总数的 6.59%。"的" 字短语也是比较难习得的。乔姆斯基（Chomsky）标记性和语言习得理论提到："核心规则是无标记的，它们受普遍语法制约，容易习得。而外围规则是有标记的，它们不受普遍语法制约，只能慢慢习得。""的" 字短语属于有标记的，不容易习得。本研究中，"的" 字短语做主语、宾语的偏误共 52 处，占 "是" 字句内部偏误总数的 14.90%。

2. 句型多样，功能相似的句式彼此干扰

《现代汉语八百词》把 "是" 字句分为等同、归类、表示特征或质料、表示存

[①] 刘月华，潘文娱，故韡. 实用现代汉语语法（第三版）[M]. 北京：商务印书馆，2019：669.

在、表示领有、表示其他关系等几类[①]；《实用现代汉语语法》把"是"字句分为表示等同和归类；描写（性格、特征等）、说明（时间、处所等）；存在；解释、阐释等[②]。

"是"字句表示存在义时，与"有"字句有相似性；表示描写的语义时，与形容词谓语句有相似性。"是"字句有表示描写的功能，常在动词（短语）、形容词（短语）前表示描写。[③] 形容词谓语句的主要作用是描写人或事物的形状，说明事物的变化。[④] 两种特殊句式都有描写功能，因此在运用时也容易混淆。在聋生"是"字句"不该用而用"的偏误中，该用形容词谓语句而误用为"是"字句的偏误共12句，占此类偏误总数的16.67%。如"例20　我作业不是多"，此类句子可以直接用形容词做谓语，不用"是"或其他动词[⑤]。

3. 主宾关系严格

"是"字句分类多样，其中最基本的类型是表示等同与归类。而等同与归类的"是"字句对主语、宾语要求较为严格，主语和宾语应是同一或类属关系。聋生"是"字句内部偏误中主语和宾语的残缺与多余是突出现象，如"例41　陈老师是个非常温柔【】"这类偏误从语法层面看是主语和宾语不搭配，可能由多种因素造成，比如聋生的目的语知识不足，或是手语和思维方式的影响，需要将来进一步深入探讨。

二、手语表达特点与汉语语法特点有所不同

手语与汉语有部分一致性，但手语是一种视觉空间语言，在词语数量、构词方法、句子结构等方面都与汉语有许多不同之处。

1. 手语特殊的表达方式

手语本身有其独特的特点，手势、表情、身体朝向、动作方向等都是手语的元素，因此手语交流中会运用非手控（表情、姿态等）、手势的方向与运动、指示

[①] 吕叔湘. 现代汉语八百词[M]. 北京：商务印书馆，1999：496-502.
[②] 刘月华，潘文娱，故韡. 实用现代汉语语法（第三版）[M]. 北京：商务印书馆，2019：668-681.
[③] 刘月华，潘文娱，故韡. 实用现代汉语语法（第三版）[M]. 北京：商务印书馆，2019：677.
[④] 刘月华，潘文娱，故韡. 实用现代汉语语法（第三版）[M]. 北京：商务印书馆，2019：656.
[⑤] 刘月华，潘文娱，故韡. 实用现代汉语语法（第三版）[M]. 北京：商务印书馆，2019：656.

手势、空间布局等来进行特殊的表达。

手语中的一些人称代词、指示代词和部分身体器官名词，是通过用手势指点的方式来代替人物、事物或者位置的，学界称之为"指示手势"或"指点手势"。因为手语交流是面对面的，所以在一定的语境中，手语常通过直接的指点来表示所指的人、物、位置。本研究中的主语残缺偏误，多属于这样的情况。如：硕 XX 带我去如正方形的"天桥"，【】是过马路专用人行通道。在此句中，"天桥"为前一句的宾语，也是后句的叙述主体，在打手语时，往往把前句的宾语作为空间上的一个固定位置，后句涉及该宾语时直接指向这个空间位置，用"指点"手势来替代汉语中的代词，反映到书面语中，这个"代词"便被省略了。

手语的非手控特征对汉语中的语气词会产生"替代"作用。手语中对语气的表达是通过表情、身体姿态等非手控的信息来体现的。手语中没有与语气词"啊、吗、吧"等相对应的手势词，对语气的表达是通过疑问、揣测等面部表情，或者头部、身体的轻微前倾、后仰等来体现说话者的语气。因此在"是"字句的疑问形式（包括反问和正反问）中，学生把手势语转写为汉语时，由于手语中并没有这些词，从汉语理解上也很难分清这些语气词的含义和用法，出现较多在"不是……吗""是不是……（呢）"的表达中疑问词误用的偏误。

2. 手语中"是"的表达方式

一方面，汉语中需要用"是"的时候，这个"是"在手语中却经常被省略。手语培训教材《中国手语实用会话》中对简单动词"是""有"省略最多，因为简单动词在空间无迹可寻，这体现了手语作为空间语言的特色，反映了聋人的认知特点以及对外部世界的描述方式。[①] 例如，"例 3　他【】残疾人"，手语的打法是：指点"他"｜残疾人。再如，"例 4　我的愿望【】考上联大"，同样不需要打出"是"的手势。手语中没有判断动词"是"，但不影响双方的沟通与交流。因此，聋生受到手语的影响，转写汉语时容易导致"是"字残缺。聋生"该用未用"偏误中，缺"是"字的偏误率高达 98.61%。

另一方面，手语中又经常用"是"这个手势，但其表达的含义与汉语不同。

---

① 刘卿，赵晓驰. 聋人手语会话"省略"特征及对聋人汉语教学的启示[J]. 现代特殊教育，2023（4）：46-53.

"是"的手势在手语会话中出现频率很高，但是它一般表示认可别人的话语或行为，即更多表示肯定或起强调作用时才使用手势"是"。[①] 此时，常放在句尾，对自己或他人描述的事实加以强调，且会连续多次打这个手势。如"我以前不明白珍惜"，手语可以这样打：我｜以前｜不明白｜珍惜｜是（多次），强调自己不明白珍惜这种情况。受手语影响，聋生可能出现"例 18 我以前是不明白珍惜"这样的偏误。类似地，还会出现"例 13 我和妈去超市里饭店吃是米线"这样的偏误。在"不该用而用"偏误中，"是"字多余的偏误率高达 84.72%。

第 5 节 教学建议

一、加强"是"字句主宾语义关系的教学

对于主宾语义关系是等同与归类的"是"字句，其使用限制比较严格。聋生"是"字句内部偏误中主语和宾语不搭配的情况较多。因此首先应使聋生明白"是"字句主宾语义关系包括前文所述的类别，其次在教学时要重视概念间"类属"关系的阐释，使聋生准确理解概念。聋生不仅要掌握"是"字句的外在形式，更要理解主语和宾语之间的逻辑关系。

二、引导学生理解不同语义的"是"以及"是"在手语表达时的不同形式

如前所述，手语对聋生"是"字句的习得有较大的影响。手语是一种视觉语言，具有不同于汉语的语法特征与语序规则，它与汉语书面语的转化不是一一对应的。要通过教学使学生明确"是"字句的适用范围，知道何时必须加"是"，何时不能加"是"。当手语表示判断、同一或类属关系时，落实到汉语书面语则一定要加"是"；手语中的强调句在转译为汉语书面语时，要有意识地去掉"是"。

[①] 刘卿，赵晓驰. 聋人手语会话"省略"特征及对聋人汉语教学的启示 [J]. 现代特殊教育，2023（4）：46-53.

三、科学安排教学顺序，注意句式的区分

从偏误分析可知，聋生"是"字句以下类型的偏误率较高，如代词做主语的"是"字句中缺主语（23处），形容词谓语句中"是"字多余（12处），"的"字短语做主语、宾语时的偏误（52处）。基于对偏误的分析，笔者建议在教学中需强化代词做主语的"是"字句教学。注意区分"是"字句和形容词谓语句的不同用处，使聋生明确，如果表示肯定或判断时要用"是"字句，如果是描写状态或变化时必须用形容词谓语句。"的"字短语要在"是"字句前教学，使学生能识别"的"字短语、会用"的"字短语。

第五章　聋生兼语句偏误分析*

第1节　引言

兼语句是汉语常用的特殊句式之一，也是聋生经常出现错误的句式之一。兼语句是由一个动宾短语和一个主谓短语套在一起构成的句子，谓语中前一个动宾短语的宾语兼做后一个主谓短语的主语。[1]

兼语句的基本句法结构是："N1+V1+N2+V2"，如"你叫他来"[2]，其中"N2"既充当"V1"的宾语又充当"V2"的主语。兼语句"你叫他来"中，"他"既做"叫"的宾语又做"来"的主语。兼语句作为一种特殊句式，表达了一种特殊的意义，即"使其他人或事物处于某种状态或表现某种行为"[3]。

关于兼语句的研究，近些年刘杨可心（2018）[4]、卢月丽（2019）[5]对兼语句进行过研究综述。关于兼语句的分类，大多数学者基于兼语前一动词的语义特征对兼语句进行类型划分[6]，如：黄伯荣、廖序东（2017）[7]，宋玉柱（1991）[8]，刘月华、潘

---

* 本文部分内容已发表. 陈甜天，王玉玲，李若南. 基于语料库的聋生兼语句偏误分析 [J]. 中国听力语言康复科学杂志，2024，22（4）：375-378.

[1] 刘月华，潘文娱，故韡. 实用现代汉语语法（增订本）[M]. 北京：商务印书馆，2001：708.
[2] 王力. 中国语法理论 [M]. 北京：中华书局，1954：191.
[3] 陈晓宇. 日本留学生汉语兼语句习得偏误分析 [J]. 时代报告（奔流），2021（8）：92-93.
[4] 刘杨可心. 现代汉语兼语句研究综述 [J]. 襄阳职业技术学院学报，2018，17（3）：111-115.
[5] 卢月丽. 浅谈汉语兼语句研究综述 [J]. 中国多媒体与网络教学学报（上旬刊），2019（3）：207-208.
[6] 李冰冰. "致使"类兼语句的汉外对比与习得研究 [J]. 齐齐哈尔大学学报（哲学社会科学版），2023（6）：126-130.
[7] 黄伯荣，廖序东. 现代汉语：下册（增订六版）[M]. 北京：高等教育出版社，2017：94-96.
[8] 宋玉柱. 现代汉语特殊句式 [M]. 太原：山西教育出版社，1991：76-88.

文娱、故韡（2001）[1]，张斌、陈昌来（2000）[2]等。黄伯荣、廖序东将兼语句分为"使令式""选定式""'有'字式""爱恨式"等四类。大部分学者的分类与此分类基本一致，有的研究者在此基础上进行了更细致的分类：刘月华、潘文娱、故韡将兼语句分为6类，增加了"说明描写式"和"V1为表示肯定意义的'是'"的兼语句类别；李佳美（2023）将兼语句分为10大类18小类。此外，大多数研究者都提到了兼语句的"套用（或混合式）"，如兼语句可以和连动结构套用在一起，例如："领导让她到中央民族学院学习。"[3]兼语句和兼语句也可以先后连用在一句里，如"鲁迅先生派人叫我打电话托内山先生请医生看病"。[4]

关于兼语句偏误研究，对外汉语教学领域的成果较为丰富，如崔竹青（2020）[5]，孙娇（2021）[6]，王悦（2022）[7]，李冰冰（2023）[8]，刘成成、伍雅清（2024）[9]等。研究者大多将留学生的兼语句偏误分为遗漏、误加、误用、错序、其他等类型。薛化（2023）[10]发现留学生出现最多的偏误类型是"遗漏"。王静怡（2020）[11]发现留学生兼语句偏误类型顺序为：遗漏＞误用＞其他＞误加＞错序。同时，研究者大多选取了有代表性的例句进行具体原因分析，并提出有针对性的教学建议：郭嘉宁（2020）[12]分析兼语句成分残缺的偏误多是由留学生对汉语句式结构掌握不

---

[1] 刘月华，潘文娱，故韡.实用现代汉语语法（增订本）[M].北京：商务印书馆，2001：708-716.
[2] 张斌，陈昌来.现代汉语句子[M].上海：华东师范大学出版社，2000：172-180.
[3] 刘月华，潘文娱，故韡.实用现代汉语语法（增订本）[M].北京：商务印书馆，2001：713.
[4] 黄伯荣，廖序东.现代汉语：下册（增订六版）[M].北京：高等教育出版社，2017：95.
[5] 崔竹青.基于语料库的韩日国别化兼语句偏误分析——基于HSK动态作文语料库[D].重庆：四川外国语大学，2020：11-37.
[6] 孙娇.泰国学生汉语"给、使、让、叫"构成的致使结构偏误分析与教学研究[D].桂林：广西师范大学，2021：22-26.
[7] 王悦.初级水平美国留学生汉语使令类兼语句习得偏误研究[D].沈阳：沈阳师范大学，2022：15-19.
[8] 李冰冰."致使"类兼语句的汉外对比与习得研究[J].齐齐哈尔大学学报（哲学社会科学版），2023（6）：126-130.
[9] 刘成成，伍雅清.给予类双宾兼语句的句法语义研究[J].现代外语，2024，47（1）：1-12.
[10] 薛化.韩国学生汉语兼语句习得研究[D].上海：上海师范大学，2023：15.
[11] 王静怡.母语为英语的汉语学习者习得兼语句偏误分析及教学对策[D].大连：辽宁师范大学，2020：38.
[12] 郭嘉宁.印尼中高级留学生汉语八类常用句式习得偏误调查分析[D].海口：海南师范大学，2020：46.

足造成的，成分多余和语序不当的偏误多是由母语负迁移造成的；陈晓宇（2021）[①]从知识负迁移、学习策略、教学能力三个方面分析了偏误原因；史若琛（2020）[②]从学和教的角度分析兼语句偏误原因，并提出将情景教学法、对比教学法、问题探究法应用到教学过程中。

关于聋人兼语句偏误分析目前未找到直接相关的文献，但吕会华（2017）[③]、高彦怡（2018）[④]、张帆（2020）[⑤]等人关于聋生汉语书面语偏误方面的研究成果给本研究以启发：任媛媛（2011）[⑥]对聋人学生汉语书面语语法进行了研究综述；潘娇娇（2018）[⑦]对听障儿童书面语研究新进展（1996—2015）进行了梳理；高彦怡（2018）[⑧]对聋生汉语书面语的偏误进行了较深入的研究；张帆（2019）[⑨]分析了手语中"省略""倒装""重复"现象，认为"手语有助于聋生的汉语习得"；陈珂、李本友、孙丽（2016）[⑩]在调查中发现聋生喜欢重复，并通过访谈了解到聋生这样做是为了可以表达得更清楚，并可起到强调的作用；吕会华、李晗静、房艳红（2023）[⑪]提到了聋生兼语句偏误句——"（他）没有让美铃感觉父爱"，句中"感觉"的后面遗漏了"到"。总的来说，这些研究都提到了自然手语和汉语书面语之间的差异。那么，可以猜想，这种差异也很可能会体现在聋生兼语句的学习上。猜想是否成立，若成立它又是如何体现的，这些是本文想要探究的主要问题。

同时，笔者认同张宝林（2011）[⑫]的观点：除了直接考察学习者产出的语料之

[①] 陈晓宇.日本留学生汉语兼语句习得偏误分析[J].时代报告（奔流），2021（8）：92-93.
[②] 史若琛.对外汉语中兼语句的偏误分析与教学对策[D].西安：西安石油大学，2020：21-25.
[③] 吕会华.中国手语和汉语句法比较——以两类简单句和关系从句为例[J].北京联合大学学报，2017，31（1）：6.
[④] 高彦怡.听障学生汉语书面语偏误研究[D].长春：吉林大学，2018：79-132.
[⑤] 张帆.从完句角度探讨聋生汉语书面语"省略"偏误教学[J].绥化学院学报，2020，40（1）：30-34.
[⑥] 任媛媛.聋人学生汉语书面语语法研究综述[J].中国特殊教育，2011（3）：16-19.
[⑦] 潘娇娇.听障儿童书面语研究新进展（1996—2015）[J].绥化学院学报，2018，38（1）：43-48.
[⑧] 高彦怡.听障学生汉语书面语偏误研究[D].长春：吉林大学，2018：79-132.
[⑨] 张帆.认知视角下聋人学生汉语习得与教学研究[M].杭州：浙江大学出版社，2019：128-144，32-83.
[⑩] 陈珂，李本友，孙丽.聋生书面语趋向动词习得研究[J].中国特殊教育，2016（2）：43-48+55.
[⑪] 吕会华，李晗静，房艳红.聋人汉语书面语研究：以语料库为基础[M].北京：华夏出版社，2023：154.
[⑫] 张宝林.外国人汉语句式习得研究的方法论思考[J].华文教学与研究，2011（2）：26-28.

外，还应结合学习者的其他相关信息进行分析。总之，本研究试图在语料库的基础上，统计与分析义务教育阶段聋生兼语句的偏误类型、分布及原因，以期为今后聋校语言教学辅导材料的编写、汉语句式的教学提供依据和参考。

第2节 聋生兼语句的偏误类型

一、总体情况

本研究基于自建的义务教育阶段聋生汉语中介语语料库，对2019至2020学年度北京市义务教育阶段聋生自然产出的汉语语料（包括日记、作文）进行收集，对语料库中的汉语特殊句式进行人工标注，共得到兼语句935句。本研究对其中数量最多的4种类型进行研究，即"使令义""致使义""选定义""爱恨义"四类兼语句471句，其中正确句259句，偏误句212句，正确率54.99%，详见表5.1。这四类兼语句分别归于《国际中文教育中文水平等级标准》（以下简称《标准》）[①]的第三、五、四级。需要说明的是，偏误句中不包含只是词语层面有误的句子，比如"打扫"误写为"打"、"对方"误写为"另对方"、"大开眼界"写成"看眼阔开"、"攻打"写成"打攻"、"着迷"写成"迷着"等。

表5.1 聋生兼语句偏误情况

	使令义	致使义	选定义	爱恨义	总数
偏误句数量	68	128	5	11	212
《标准》级别	三级	五级	四级	四级	——

义务教育阶段聋生兼语句偏误类型分布情况详见表5.2。研究结果显示：义务教育阶段聋生兼语句偏误主要存在"不该用而用""该用未用""内部偏误"三大类型。其中，"不该用而用"共14句，占兼语句偏误总数的6.60%；"该用未用"共7句，占比3.30%；"内部偏误"共191句，占比最高，为90.09%。

[①] 中华人民共和国教育部，国家语言文字工作委员会.国际中文教育中文水平等级标准[S].北京：北京语言大学出版社，2021：30.

表 5.2 聋生兼语句偏误类型分布

	不该用而用	该用未用	内部偏误	总计
数量（句）	14	7	191	212
比例	6.60%	3.30%	90.09%	100%

二、聋生兼语句偏误类型

（一）不该用而用

"不该用而用"是指在汉语母语者一般不会使用兼语句进行表达的情况下，聋生使用了兼语句的中介语现象。如有的句子在语境中 N1 和 N2 之间不具备"使令"关系，学生却使用了使令兼语结构。此类偏误共 14 句。

例 1　这么快让我们小区所有人都知道了。

例 2　在汗水中，让我感受到生命的热烈。

例 3　我听不清他们的聊天内容，让我头疼地待下去。

例1，虽然在某些语境下（即主语承前省略，且不影响读者理解的情况）可以认为是正确句。但本句不属于此种情况，语境中找不到这样的一个主语存在，不知道是谁让小区所有人都知道了，因此，此处不适合使用兼语句，属于兼语句的滥用，应该去掉"让"，变成一般主谓谓语句，陈述一个事实。例 2 和例 1 类似，也是找不到致使义兼语句明确的主语，因此去掉"让"更好，同时动作已经发生了，因此还应该在"感受到"的后面加"了"，表示动作的完成。这句应改为"在汗水中，我感受到了生命的热烈"。例 3 和前两例一样，去掉"让"；同时，两个分句的主语一样，省略后一个主语才更符合汉语表达习惯，所以去掉第二个代词"我"；两个分句之间存在着意义上的关联，加上副词"只好"，表达更为连贯。全句改为"我听不清他们的聊天内容，只好头疼地待下去"。

（二）该用未用

"该用未用"是指在汉语母语者一般会使用兼语句进行表达的情况下，聋生未使用兼语句，反而用了其他句式的现象。这类偏误共 7 句。

例 4　李老师发现柜子里乱了，【　】【　】【　】本子和书放好。（让，我们，把）

例 5　爸爸又为了我才找到特殊的学校，【　】【　】在那里好好学习。（让，我）

例 4，主语为"李老师"，在语境中，他给了"我们（指聋生）"一个指令，"放好本子和书"。句子中包含了"让某人/某事怎么样"的语义，需要用使令义兼语句来完成表达，语义才能明确。句子改为"李老师发现柜子里乱了，让我们把本子和书放好"。例 5，本句想要表达的意思是"爸爸""让""我""在那里好好学习"，需要补出 V1 动词，还需要补出兼语 N2"我"，句子才通顺，语义才完整。

（三）内部偏误

义务教育阶段聋生兼语句偏误最多的类型为"内部偏误"，共 191 句，占偏误总数的 90.09%。此类偏误分为遗漏、误加、误代、错序、句式杂糅、词语误用等 6 种下位类型，详见表 5.3。

表 5.3　聋生兼语句内部偏误类型

	遗漏偏误	误加偏误	误代偏误	错序偏误	句式杂糅	词语误用	合计
数量（句）	96	23	15	8	4	45	191
比例	50.26%	12.04%	7.85%	4.19%	2.09%	23.56%	100%

下面具体介绍内部偏误的 6 种下位类型。

1. 遗漏

聋生兼语句"遗漏"偏误共 96 句，占内部偏误总数的 50.26%。此类偏误根据兼语句结构"N1+V1+N2+V2"的四个成分，分为 4 种类型，具体见表 5.4。

表 5.4　聋生兼语句"遗漏"偏误类型及其分布

一级偏误	二级偏误	数量	比例	合计
遗漏"N1"	只遗漏"N1"	48	50.00%	55.21%
	遗漏"N1+V2"	5	5.21%	
遗漏"V1"	——	15	15.63%	15.63%
遗漏"N2"	——	7	7.29%	7.29%
遗漏"V2"	——	21	21.88%	21.88%
合计		96	100%	

（1）遗漏"N1"

兼语句结构"N1+V1+N2+V2"中，N1是兼语句的主语，大多由名词、代词或其他名词性短语充当。一般而言，兼语句是需要有主语的，有时可以为了简洁省略N1，但是前提是这种省略不影响读者对句意的理解，不会造成歧义或表义不完整。此类偏误共53句。

① 只遗漏"N1"

只遗漏"N1"，指的是兼语句只存在N1遗漏的偏误类型。此类偏误共48句。如果根据上下文，N1可以承前省略，则为正确的兼语句，不在此偏误范围。

例6　每个人拿一件礼物放在一块儿，【　】让我们亲自挑选礼物。（老师）

例7　他脸好白，【　】叫他小白脸。（大家）

例8　【　】让我了解了很多的东西。（本次参观／这次活动）

例6中，前一分句的主语是"每个人（指聋生）"，后一分句的主语是"老师"，不是同一个主语，因此不能省略。例7与例6的情况类似，两个句子的主语不一致，兼语句的主语不能省略，应该补上"大家"。例8是独句成段，总结全文，因此需要加上主语"本次参观（或这次活动）"。

② 遗漏"N1+V2"

遗漏"N1+V2"是指兼语句中N1和V2同时遗漏的偏误类型，共5句。

例9　我感谢您——祖国妈妈,【　】让我们【　】祖国的栋梁。（您，成为／成长为）

例9，根据语境，应补上主语"您（指祖国母亲）"，同时，需要补上V2"成为／成长为"，它和后面的宾语"祖国的栋梁"组成动宾结构，句子结构才完整。正确句应为："我感谢您祖国妈妈！您让我们成长为祖国的栋梁。"

（2）遗漏"V1"

兼语句中V1大多由使令动词充当，遗漏V1会使句子结构不完整，表义不清晰。此类偏误共15句。

例10　爸爸【　】我改错了，改完了发尚老师。（让／催）

例11　今晚吃饺子，有我喜欢的牛肉胡萝卜，味道还【　】【　】怀念呀。（令，人）

例10，根据语境，爸爸"让／催""我"改错，本句中的V1是表示使令义的关键动词，非常重要，不可缺少。同时，句末的"了"应去掉，此时爸爸只是发出指令，"我"还没有改错，因此不应该在句尾用表示状态变化的助词"了"，改为"爸爸让/催我改错，改完了发尚老师"。例11为致使义兼语句，"饺子的味道"和"怀念"不能直接搭配在一起，中间应加上致使词"让"或"令"，还要加上兼语"我"或"人"。此外，"还"应改为副词"还是"，表示"没想到如此、居然如此"，含有赞叹的语气。本句应改为"味道还是令人怀念呀"。

（3）遗漏"N2"

兼语句中N2一般由名词或代词充当，是不可缺少的部分。如果缺少了N2，兼语结构不成立，语义表达也会受到影响。此类偏误共7句。

例12　我们非常高兴地欢迎【　】来到学校参观。（客人们/他们）

例13　祝福【　】节日快乐。（你们/大家）

例12中，"欢迎"缺少宾语，不知道"欢迎"的对象是谁，也不知道"谁"来到学校参观。补上兼语成分，句意才更明确，因此应补出兼语"人们/他们"，改为"我们非常高兴地欢迎客人们/他们来到学校参观"。例13中，"祝福"一般用作及物动词，后面常常加宾语，表明想要祝福的对象是谁，因此这里应该加上兼语"你们"或"大家"，改为"祝福你们/大家节日快乐"。

（4）遗漏"V2"

在兼语句中，V2既可以是动词形容词，也可以是短语，V2也是兼语句中不可或缺的成分。此类偏误共21句。

例14　它可以让人见到美丽的风景，让人【　】见识。（长）

例15　这莫名其妙的梦真是让我【　】太不可思议了。（觉得）

例16　今天晚上爸爸带我去【　】铁锅炖菜。（吃）

例14是一个致使义兼语句，兼语后面缺少V2，需要在名词"见识"的前面加上一个动词——"长"或"增长"，改为"让人长见识"。高彦怡（2018）[①]研究发现，汉语中有一些名词、动词和形容词在意义上是相关的。手语表达意义相关的词汇的手势基本相同，手语这种兼代形式，可能一定程度上造成了聋生书面语的词汇误用。例15同样是一个致使义兼语句，兼语后面应补上动词"觉得"，否则会产生

[①] 高彦怡.听障学生汉语书面语偏误研究[D].长春：吉林大学，2018：79-132.

歧义，"我太不可思议了"的意思是说"不可思议"的是"我"，而原句实际想说"不可思议"的是"这莫名其妙的梦"，而非"我"。例16遗漏了动宾短语"吃铁锅炖菜"中的动词"吃"，这使句子产生了歧义，表意不明，不知道是"用"铁锅炖菜还是"吃"铁锅炖菜。根据语境，在"去"的后面应加上"吃"，正确句应为"今天晚上爸爸带我去吃铁锅炖菜"，这样句意才更清晰。

2. 误加

在兼语句中只需要一个V1就可以完成语义表达，学生有时会连用两个动词当作V1。在兼语句中V2可以是一个动词，也可以是动词短语，学生有时候会同时使用两个意思相近的动词或动词短语，但兼语句的基本语法规则中只需要一个V2就可以完成语义表达，因此应该删掉其中一个。此类偏误共23句，分为3种类型，具体见表5.5。

表5.5 聋生兼语句"误加"偏误类型及其分布

一级偏误	二级偏误	数量	比例	合计
误加"V1"	——	5	21.74%	21.74%
误加"V2"	——	3	13.04%	13.04%
误加其他词语	误加助词"了"	5	21.74%	65.22%
	误加名词	3	13.04%	
	误加其他词语（形、副、介、动）	7	30.43%	
合计		23	100%	

（1）误加"V1"

误加"V1"是指兼语句中前一个动词V1误加的偏误类型，此类偏误共5句。

例17 这些很多的困难<u>让令</u>人惊恐。

例17中，学生连用"让"和"令"两个使令词，它们的作用都是表达致使义，语义重复了，所以应删掉一个，改为"令人惊恐"。

（2）误加"V2"

误加"V2"是指兼语句中后一个动词V2误加的偏误类型，此类偏误共3句。

例 18　还有，为什么让金三角**保持留下来**呢？

例 18 中，兼语后面的动词有两个——"保持"和"留下"，二者意思相近，保留一个即可，改为"为什么让金三角保留下来呢"。造成此种偏误的原因，可能和手语的影响有关系，汉语中很多近义词可能在手语中对应同一个手势动作。

（3）误加其他词语

"误加其他词语"指的是兼语句中的主要成分"N1+V1+N2+V2"都有，但存在其他词语多余，从而导致语句不通顺的偏误。此类偏误共 15 句。

例 19　活动虽然结束，但是那快乐与幸福的时刻让我久久难忘**的事**。

例 20　有了动景和静景，让我感觉**很**美妙**极了**。

例 21　祝您在七夕节中得到**了**满满的心愿和爱情。

例 22　让我们一家人过**得**一个幸福的时光。

例 19 是一个表示致使义的兼语句，主语是"快乐与幸福的时刻"，致使词是"让"，兼语是"我"，兼语后的动词是"久久难忘"，句尾的"的事"多余，应该去掉。这句改为"活动虽然结束了，但是那快乐与幸福的时刻让我久久难忘"。例 20 中的"很"和"极了"都表示程度深，语义重复，应该删掉其中一个，才更符合汉语语法。究其原因，可能是有的聋生喜欢通过重复使用某些近义词以示强调。这句改为"画面里有动景和静景，让我感觉美妙极了"。例 21，句中的"了"要删掉，因为这个句子想要表达的是一种对未来的美好祝福，而"了"表示的是过去发生的、已经完成的事。如果不删掉"了"，会让人感觉表义混乱，前后矛盾。这句改为"祝您在七夕节中得到满满的祝福和爱情"。例 22 中的"得"属于助词误加，这里应该是动宾短语"度过一段时光"，而非动补短语"过得很幸福"。同时，"过"应该改为"度过"，"个"应该改为"段"，"度过"与"一段幸福的时光"构成动宾短语，句子应为"让我们一家人度过一段幸福的时光"。

3. 误代

成分误代指的是选用不合适的句法成分替代正确的句法成分的一种偏误。[①] 此类偏误共 15 句，有 2 种类型，详见表 5.6。

---

① 鲁健骥.外国人学汉语的语法偏误分析[J].语言教学与研究，1994（1）：56.

表 5.6　聋生兼语句"误代"偏误类型及其分布

一级偏误	二级偏误	数量	比例	合计
误代"V1"	"给"误代"让"	6	40.00%	86.67%
	"对"误代"让"	1	6.67%	
	"为"误代"让"	1	6.67%	
	V1 被其他词语误代	5	33.33%	
误代"V2"	——	2	13.33%	13.33%
合计		15	100%	

（1）误代"V1"

误代"V1"主要是指 V1 词语的误用，即让、叫、使、令、给、为、对等词语的混用，此类偏误共 13 句。需要说明的一点是，为了突出兼语结构和兼语句等特殊句式之间的混用，当 V1 和"把"字混用时，将其单独列为一类，放入后面介绍的"句式杂糅"偏误类型中。

①"给"误代"让"

"给"误代"让"，是指兼语句中 V1 应为"让"等使令类动词，误被"给"替代的偏误类型。此类偏误共 6 句。

例 23　我觉得自己班级很丢脸，也**给**老师很失望。（让）

例 24　我也感谢鲁迅**给**我想到美好的事。（让）

例 25　语文老师每次**给**我们写一篇作文。（让）

例 23-例 25 都是致使义兼语句，都属于使令词"让"和"给"的误用。在汉语中"给"有介词和动词两种词性，用作动词时，表示给予、付出的意思，句子结构为"N1+V1 给 +N2 人 +N3 物 +V2"，如"妈妈给我钱花"。给予类双宾兼语句可分析为一种表致使义的动补结构，由给予类双宾结构和作为结果补语的宾后续动结构组成，语义是"主语使得间接宾语拥有直接宾语（或其处置权、使用权等），以至于间接宾语可以利用直接宾语做某事"。[1] 显然例 23、例 24 不符合。而"让"做 V1 时，句子结构是"N1+V1 让 +N2+V2"，因此例 23-例 25 应该把

---

[1] 刘成成，伍雅清. 给予类双宾兼语句的句法语义研究 [J]. 现代外语，2024，47（1）：1-12.

"给"改为"让"。

②"对"误代"让"

"对"误代"让",是指兼语句中 V1 应为"让"等使令类动词,误被"对"替代的偏误类型。此类偏误共 1 句。

例 26　鸡蛋西红柿非常补牙齿里,对身体排毒。(让)

例 26 是将"对"和"让"混用。现代汉语中"对"有形容词、量词、名词、动词、介词等多种词性。"对"做介词时,主要作用是引出动作对象,充当状语,而不是对动作的对象造成某种影响,而且"对"后面的动词是全句的谓语,而兼语句中动词 V2 只是 N2 的谓语。根据例 25 想表达的意思"鸡蛋西红柿能够让身体排毒",这里应该把"对"改为"让"。

③"为"误代"让"

"为"误代"让",是指兼语句中 V1 应为"让"等使令类动词,误被"为"替代的偏误类型。此类偏误共 1 句。

例 27　您为我们有了更美好的生活。(让)

例 27 是致使义兼语句,想要表达的意思是"我们"有了更美好的生活,这个结果是"您"带来的。"为"有介词、动词两种词性,"为"做介词时,后面加代词组成介词结构,做整个句子的状语,如果这么理解,原句的意思就变成了"您有了更美好的生活,是为了我们",显然不符合作者原意;"为"作为动词时,意思大多表示"做",如"事在人为""大有可为",也不适合此处。本句"为"应改为"让"。

④ V1 被其他词语误代

"V1"被其他词语误代,是指除了误用"给""对""为"替代 V1 的情况之外,"V1"被其他词语误代的偏误类型。此类偏误共 5 句。

例 28　我看完书之后去问老师教我。(请)

例 28,"问"有动词、介词两种词性,当用作介词时,表示"向(某方面或某人要东西)"。例如:"我问他借两本书。"这时"问"后面的动词"借"的主语仍是前面的主语"我",而原句"教我"的主语不是前面的主语,而是 V1 后面的主语"老师",因此,应将"问"改成"请"。

2. 误代"V2"

误代"V2"是指兼语句中后一个动词V2被误代的偏误类型。此类偏误共2句。

例29 女孩特别喜欢靠窗户，因为那里有阳光，让女孩**取得**暖洋洋的。（觉得）

例29中，"取得"应该改为"觉得"。"取得"的主体一般是主动的、积极的状态，如"取得了好成绩""取得了进步"；"觉得"的主体一般是被触发的、受到了某种影响的，后面可以接心理感受类的词语，如"觉得不可思议""觉得很感动"等。原句中动词后面是心理感受词语"暖洋洋的"，"取得"与"暖洋洋的"不搭配，应改为"觉得"。这句改为"女孩特别喜欢靠窗户坐，因为那里有阳光，让女孩觉得暖洋洋的"。

4. 错序

成分错序指的是兼语句中的某个或某几个成分放错了位置的偏误类型。[①] 虽然有些情况下，语序不当不影响句意表达，读者能够理解，但仍为不当的表达，应尽可能地避免。此类偏误共8句，详见表5.7。

表5.7 聋生兼语句"错序"偏误类型及其分布

一级偏误	数量	比例
"V1"错序	1	12.50%
"V2"错序	1	12.50%
其他错序	6	75.00%
合计	8	100%

（1）"V1"错序

"V1"错序是指误将V1放在N1前面的偏误类型。此类偏误共1句。

例30 【让】爱变得更加美好。

例30是使令义兼语句。根据语境，原句的意思是强调"爱"的重要，鼓励读者勇敢去爱。句中V1的位置放错，应该放在主语"爱"之后。同时，句中兼语缺失，应补上"生活"。这句改为"爱让生活变得更加美好"。

---

① 鲁健骥. 外国人学汉语的语法偏误分析 [J]. 语言教学与研究，1994（1）：58.

（2）"V2"错序

"V2"错序是指误将 V2 放在 V1 前面的偏误类型。此类偏误共 1 句。

例 31　如果这句的想知道,【翻译】请我。

例 31 是使令义兼语句。第二个动词"翻译"的位置放错,应放在兼语"我"之后。同时,在语境中,"请我翻译"的前一个分句中有"如果",表示是一种假设情境下的许可,带着"可以、允许"的含义,所以还应在 V1 前面加上能愿动词"可以",表示它不是一个命令。这句改为"如果这句的意思想知道,可以请我翻译"。

（3）其他错序

其他错序是指除了"V1"错序、"V2"错序之外,句子的其他成分存在顺序错误的偏误类型。此类偏误共 6 句。

例 32　让我们过得开开心心的【一天】。

例 33　谢谢你陪我一节课【了】。

例 34　【以】军人优雅的站姿让全人民迷着。

例 35　阿姨让我坐【上】什么东西。

例 32 中,状语"一天"应提前,放在 V2 之前,同时加上副词"都",这样读起来更为通顺,强调"一（整）天"都是怎样的状态。这句改为"让我们一（整）天都过得开开心心的"。例 33 中,句尾的"了"应放在 V2 之后,表示动作的完成。根据语境,动作应该已经完成。这句改为"谢谢你陪了我一节课"。例 34 中,介词"以"应该和它的宾语"优雅的站姿"放在一起做状语,整体放在 V1 之前；同时,"全"的后面应补上"世界","迷着"改为"着迷"。全句改为"军人以优雅的站姿让全世界人民着迷"。例 35 中,方位词"上"应放在"什么东西"的后面,做偏正结构的中心语。这句改为"阿姨让我坐（在）什么东西上"。

5. 句式杂糅

句式杂糅是指把不同结构或意思套在一句话里,导致结构混乱、语义不明确的一种偏误。[①] 此类偏误共 4 句。学生对已经学过的句式所适用的情境范围没有明确的认知,导致在实际运用时出现了句式混淆。

---

① 薛曜京. 韩国学生习得汉语兼语句偏误分析及教学对策[D]. 大连：辽宁师范大学, 2015：19.

例 36　读书能知识，又能【把】大脑变【学霸】。

例 37　过马路时【被】交通自行车人员【让】我下通道可以到那里。

例 36 属于"把"字句、"让"引导的致使义兼语句混用。"把"字句和使令类、致使类兼语句都可以表示事件 A 使事件 B 发生了某种变化/结果，一定程度下可以相互转化。本句中，前半句的主语是"读书"，后半句的主语是"大脑"，前后主语不一致，符合兼语句的结构；而"把"字句的前后主语是一致的。这也提示学生应该注重对已学知识的复习巩固。本句有多种改法，正确句一：读书能长知识，还能【让】大脑变【聪明】；正确句二：读书能长知识，还能【让】【我们】变成【学霸】；正确句三：读书能长知识，能【让】【我们】把【自己】变成学霸。例 37 属于"被"字句、兼语句混用。"被"字句是指在谓语动词前，用"被"字引出施事的句子，其结构可表征为"N2+ 被 +N1+V"。[①]"被"字句中 N1 是全句的施事者，N2 是受事者，V 必须是及物动词。使令义兼语句常表达一种结果，没有明显的好坏之分。"被"字句多用来表示不如意的事情，如"我的钱包被偷了"。本句有两种改法，正确句一：过马路时我【被】交通协管员告知可以走地下通道到那里；正确句二：过马路时交通协管员【让】我走地下通道到那里。

6. 词语误用

词语误用是指兼语句句法的主要成分都有，但句子中存在其他词语问题的偏误。此类偏误共 45 句，占内部偏误总数的 23.56%。

例 38　我们小心点，不让黄 XX 发现我们。（别）

例 39　读书可以让人长认识。（见识/知识）

例 38 中，"不"和"别"两个否定词混淆，它们都表达否定的意思，区别在于"别"和"不要"的意思相同，表示劝阻或禁止的语气，"不"没有这样的语气。根据语境，用"别"更恰当。这句改为"我们小心点，别让黄 XX 发现我们"。例 39 中，V2"长"的宾语应该是名词"见识/知识"，而不是动词"认识"，属于词性误用、搭配不当。本句应改为"读书可以让人长见识/知识"。

[①] 许安然. 英语背景汉语学习者使令类兼语句偏误研究 [D]. 长春：长春理工大学，2019：21.

第3节　聋生兼语句的偏误分布

一、不同学段聋生的兼语句偏误差异分析

总体上看，在输出率方面，聋生兼语句平均输出率为0.1959%，其中八年级（0.2121%）、九年级（0.2634%）的输出率较高，三～六年级（0.1516%）和七年级（0.1383%）相对较低。在偏误率方面，聋生兼语句偏误率为45.01%，偏误率较高。各学段聋生的兼语句偏误率从低到高依次是：最低为三～六年级（28.38%），其次是七年级（28.89%），接着是八年级（42.20%），九年级最高（60.10%）。三～六年级和七年级聋生的兼语句偏误率很接近，都处于较低水平；而随着年级的升高，七、八、九年级聋生的兼语句偏误率也随之升高，详见表5.8。

"不该用而用"偏误出现在各年级的数量均不多，在七年级偏误频率最低，且比三～六年级有所降低；在七、八、九年级，偏误频率随着年级升高而上升。

"该用未用"偏误出现在各年级的数量均很少，在三～六年级和九年级均有出现，且九年级偏误频率高于三～六年级。在七、八年级没有出现这种偏误。

内部偏误在三～六年级和七年级的偏误频率比较接近，随着年级的升高而增高，九年级为最高。这在一定程度上说明聋生兼语句的知识无法满足其越来越增长的表达需要。

表5.8　各学段聋生兼语句偏误类型分布

年级	正确句	偏误句	输出频次	输出率（%）	偏误率（%）	不该用而用频次/频率（%）	该用未用频次/频率（%）	内部偏误频次/频率（%）
三～六年级（字数48817）	53	21	74	0.1516	28.38	2/0.0041	2/0.0041	17/0.0348

（续表）

年级	正确句	偏误句	输出频次	输出率（%）	偏误率（%）	偏误情况		
						不该用而用频次/频率（%）	该用未用频次/频率（%）	内部偏误频次/频率（%）
七年级（字数65064）	64	26	90	0.1383	28.89	1/0.0015	0/0	25/0.0384
八年级（字数51393）	63	46	109	0.2121	42.20	3/0.0058	0/0	43/0.0837
九年级（字数75176）	79	119	198	0.2634	60.10	8/0.0106	5/0.0067	106/0.1410
合计（平均比例）	259	212	471	0.1959	45.01	14/0.0058	7/0.0029	191/0.0794

注：输出频次＝正确句＋偏误句；输出率＝各学段输出频次/各学段语料字数

从表5.9中可以看到，"错序"和"句式杂糅"两种偏误类型在三～六年级中未出现，这两类偏误第一次出现在七年级。同时，"遗漏"和"词语误用"在各年级占比均比较高。在三～六年级中，"遗漏"偏误占52.94%，"词语误用"为29.41%；七年级"遗漏"偏误占56%，"词语误用"为16%；八年级"遗漏"偏误占65.12%，"词语误用"为16.28%；九年级"遗漏"偏误占42.45%，"词语误用"为27.36%。

表5.9 各学段聋生兼语句内部偏误类型分布

偏误类型	三～六年级		七年级		八年级		九年级		合计
	数量	比例	数量	比例	数量	比例	数量	比例	
遗漏	9	52.94%	14	56.00%	28	65.12%	45	42.45%	96
误加	2	11.76%	1	4.00%	2	4.65%	18	16.98%	23

（续表）

偏误类型	三~六年级 数量	比例	七年级 数量	比例	八年级 数量	比例	九年级 数量	比例	合计
误代	1	5.88%	4	16.00%	2	4.65%	8	7.55%	15
错序	0	0.00%	1	4.00%	3	6.98%	4	3.77%	8
句式杂糅	0	0.00%	1	4.00%	1	2.33%	2	1.89%	4
词语误用	5	29.41%	4	16.00%	7	16.28%	29	27.36%	45
合计	17		25		43		106		191

注：比例＝各学段偏误数/各学段偏误总数

二、不同语言类型聋生的兼语句偏误差异分析

本研究采用三角验证法对手语和口语中哪个语言为聋生的相对优势语言进行判断，将聋生分为"手口均优""手口均差""手口一般""手语优势""口语优势"五种类型。

从表5.10中可以发现，各语言类型聋生的兼语句输出率从高到低依次是："手口均优"（0.2408%）、"手语优势"（0.1894%）、"手口一般"（0.1696%）、"口语优势"（0.1607%）、"手口均差"（0.1151%）；正确率从高到低依次为："手口一般"（69.44%）、"手口均优"（67.80%）、"口语优势"（59.09%）、"手语优势"（49.33%）、"手口均差"（26.32%）。

从中可见，"手语优势"聋生的输出率高于"口语优势"聋生，其正确率低于"口语优势"聋生；"手口均差"聋生的输出率最低，且正确率最低；"手口均优"聋生的输出率和正确率均高。同时，在"手口一般"和"手口均差"两类学生中未发现"不该用而用"偏误。在"手口均优"和"手口一般"以及"手口均差"三类学生中未发现"该用未用"偏误。这说明不同语言类型的聋生在兼语句偏误类型上存在差异。

表 5.10　各语言类型聋生兼语句偏误类型分布

语言类型	正确句	偏误句	输出频次	输出率（%）	正确率（%）	不该用而用 频次/频率（%）	该用未用 频次/频率（%）	内部偏误 频次/频率（%）
手口均优（字数24501）	40	19	59	0.2408	67.80	2/0.0081	0/0	17/0.0694
口语优势（字数82125）	78	54	132	0.1607	59.09	5/0.0061	3/0.0037	46/0.0560
手语优势（字数118808）	111	114	225	0.1894	49.33	7/0.0059	4/0.0034	103/0.0867
手口一般（字数21222）	25	11	36	0.1696	69.44	0/0	0/0	11/0.0518
手口均差（字数16514）	5	14	19	0.1151	26.32	0/0	0/0	14/0.0848
合计	259	212				14	7	191

注：输出频次＝正确句＋偏误句；输出率＝各语言类型输出频次/各语言类型语料字数

从表 5.11 可见，在兼语句内部偏误方面，各个语言类型聋生偏误比例最高的都是"遗漏"类型。"口语优势"聋生在"误加"偏误类型上占比为第二高，其他语言类型聋生在"词语误用"偏误类型上占比为第二高。"手语优势"聋生和"手口均差"聋生均涉及了内部偏误中的所有二级偏误，而"手口均优""口语优势""手口一般"三类聋生均未出现"句式杂糅"偏误。说明不同语言类型聋生在兼语句内部偏误上存在不同的特点。

表 5.11 各语言类型聋生兼语句内部偏误类型分布

偏误类型	手口均优 数量	手口均优 比例	口语优势 数量	口语优势 比例	手语优势 数量	手语优势 比例	手口一般 数量	手口一般 比例	手口均差 数量	手口均差 比例	合计
遗漏	10	58.82%	24	52.17%	52	50.49%	5	45.45%	5	35.71%	96
误加	2	11.76%	9	19.57%	10	9.71%	1	9.09%	1	7.14%	23
误代	1	5.88%	3	6.52%	8	7.77%	1	9.09%	2	14.29%	15
错序	1	5.88%	2	4.35%	3	2.91%	0	0.00%	2	14.29%	8
句式杂糅	0	0.00%	0	0.00%	3	2.91%	0	0.00%	1	7.14%	4
词语误用	3	17.65%	8	17.39%	27	26.21%	4	36.36%	3	21.43%	45
合计	17		46		103		11		14		191

注：比例 = 各语言类型偏误数 / 各语言类型偏误总数

由于数量较少，上述结果存在着一定的偶然性。

第 4 节 聋生兼语句的偏误原因

一、听力障碍、教学不足的影响

本研究认为，影响聋生汉语句式习得水平的因素是多方面的。首先，听力障碍对聋生兼语句习得水平有影响。聋人学习有声语言最大的障碍就是听不见。[1] 同龄健听学生兼语句的偏误率非常低，聋生受到听力障碍影响，偏误率远高于健听学生，甚至是外国学生。前文提到聋生兼语句的正确率为54.99%，而有研究发现，外国学生兼语句的正确率为78.63%[2]。可见，听力障碍对聋生汉语句式习得的确存

---

[1] 吕会华，李晗静，房艳红．聋人汉语书面语研究：以语料库为基础 [M]．北京：华夏出版社，2023：154．
[2] 粟茜．兼语句二语习得与教学研究 [D]．长沙：湖南大学，2019：9．

在明显的影响。

聋生兼语句偏误还和教学不足有关系。据笔者了解，虽然聋校小学一年级"沟通与交往"教材第一单元就有"大家夸我有礼貌"这样的兼语句出现，但多为零散句子，非特殊句式系统性学习。聋校大多没有专门的汉语语言课，缺乏专业的教学指导和学习资源支持。此外，聋生自学依赖的工具书如《现代汉语词典》，其中对兼语句常用动词的解释并不清晰，难以看出这些近义词之间的细微差别。例如，"让"有"指使、致使、容许或听任"的释义，"叫"有"命令、容许、招呼"的释义，"令"有"命令、使"的释义。这些兼语动词在手语中常常用同一个手势表达，对于依赖手语的聋生而言，很容易将其含义等同，以致于在任何语境中都互相替换，出现偏误。本研究发现，聋生兼语句使用率在九年级最高且偏误率最高。原因可能是聋生对兼语句的汉语语法规则未完全熟悉和掌握。随着年级的升高、生活的丰富，聋生想要表达的内容越来越多、越来越复杂，所使用的句子也越来越长，然而他们在知识方面有所欠缺，无法满足表达需要，偏误出现的可能性也随之升高。这在一定程度上说明缺少专门的语言学习支持，聋生只能有限地习得兼语句。所以，结合基于语料库的偏误规律分析，讲解更精准、更有针对性的汉语特殊句式辅导（含配套学习材料、工具书等）是聋生所需要的，有了学习资源支持，聋生才能系统地、更好地理解和掌握知识要点。比如，老师应对聋生易混淆的动词加强讲解，如"给"和"让"的区别，并设计有针对性的练习等。

二、兼语动词和句法复杂性的影响

兼语句语义丰富，且有多种使用情境。胡裕树、范晓（1995）[1]将兼语句分为10类；游汝杰（2002）[2]将其分为11类。其中，V1"请/叫/让"用来表达使令意义，语境包括日常生活中的某种安排或谈论某种感受等；使用"叫/称（呼）/说/收/选……（做/为/当/是）……"的语境则包含称呼、评价、推选他人等。

"兼语动词"是指兼语句中第一个动词V1，其语义共同特点是含致使义，V1导致V2的出现。[3]前文提到，聋生兼语动词V1的相关偏误较为突出，共52

---

[1] 胡裕树，范晓.动词研究[M].开封：河南大学出版社，1995：357.
[2] 游汝杰.现代汉语兼语句的句法和语义特征[J].汉语学习，2002（6）：1-6.
[3] 游汝杰.现代汉语兼语句的句法和语义特征[J].汉语学习，2002（6）：1-6.

句，占偏误总数的24.53%。如例10"爸爸【】我改错了"中V1"让"缺漏；例17"这些很多的困难让令人惊恐"中V1"让令"重复；例23"也给老师很失望"中V1"让"误用为"给"等。

兼语句容易和连动句、双宾句、一般谓语句、紧缩复句等混淆。如例2"在汗水中，让我感受到生命的热烈"中"让"多余，应该用一般谓语句而非兼语句。再如例5中则应补上V1"让"、代词"我"，应该用兼语句而非一般谓语句，因为"学习"的施事是兼语"我"而非"爸爸"。又如例25"语文老师每次给我们写一篇作文"中"给"应为"让"。有的聋生会将例25分成两个句子来写："语文老师每次给我们纸，我们写作文。"可见聋生未完全掌握兼语句规则，把一个复杂的句子分成几个简单的句子[①]。有的聋生还容易把例25和"语文老师每次给我们一篇范文看"相混淆，后者为给予类双宾兼语句，其语义是"主语使得间接宾语拥有直接宾语（或其处置权、使用权等），以至于间接宾语可以利用直接宾语做某事"[②]。随着语言的积累、新老句式的区辨难度加大，教师需要加强讲解，否则聋生出现偏误的可能性也会升高。

三、手语和汉语差异的影响

兼语N2一定要是V2的施事，V1和V2的施事不同[③]，兼语句表达了一种特殊的意义，即"使其他人或事物处于某种状态或表现某种行为"[④]。手语是视觉语言，这种语义在自然手语中习惯类似场景化、话题化的表达，而且，由于直观性表达和交际的经济原则，手语往往省略致使词。[⑤] 如例10"爸爸【】我改错了"中缺少"催/让"，手语是这样表达的：

动作1：左手先打竖立的"Y"手形，代表人，是类标记结构，后文简称"Y"。

动作2：右手指Y，再指自己，表示Y是"我"。

动作3：右手打主语"爸爸"的手势。

[①] 龙素芳.语法教学与聋生的语文能力[J].中国残疾人，2006（12）：38.
[②] 刘成志，伍雅清.给予类双宾兼语句的句法语义研究[J].现代外语，2024，47（1）：1-12.
[③] 游汝杰.现代汉语兼语句的句法和语义特征[J].汉语学习，2002（6）：1-6.
[④] 陈晓宇.日本留学生汉语兼语句习得偏误分析[J].时代报告（奔流），2021（8）：92-93.
[⑤] 高彦怡.听障学生汉语书面语偏误研究[D].长春：吉林大学，2018：79-132.

动作4：右手打"改错"的手势，对准Y，面带催促的表情，表示"爸爸催我改错"。

Y手形是类标记手形，代表宾语"我"，在手语句首定位之后，就始终固定在这个位置上。这个固定的空间位置就相当于代词的功能，提到时用手指向宾语所在的位置即可。①当有人称变化时，手语是利用身体躯干朝向、头的转动或倾斜、身体姿势的变化来表示语言交际或语言事件中人物角色变化的。②本研究中聋生兼语句人称遗漏偏误共67句，占偏误总数的31.60%。

例10中，兼语"我"既是V1"催"的受事，又是V2"改错"的施事。手语中不打V1"催"，只打V2"改错"，致使义是通过朝向和面部表情这些非手控特征来表达的。受手语影响，聋生在转写汉语时，V2容易保留，V1更容易遗漏。本研究中，聋生兼语句V1偏误（52句）比V2偏误（32句）多20句。此外，如例23中V1"让"误用为"给"（同类偏误有6句），这可能与"给"在手语里是一个高频词，且手语中"让"和"给"的手势非常接近有关系。

以往研究多认为，聋生汉语书面语偏误的主要原因在于手语的负迁移，如高彦怡（2018）③。也有学者认为，聋人汉语水平低不完全是受手语的影响④。本研究发现，手语不决定聋生兼语句习得水平，但影响其习得特点。例如，"手口均优"学生兼语句的输出率高于"口语优势"学生，同时"手口均优"学生兼语句的正确率也高于"口语优势"学生。这说明"手口均优"学生并未受到手语的干扰。又如，"手语优势"学生兼语句的输出率高于"手口均差"学生，且"手语优势"学生兼语句的正确率也明显高于"手口均差"学生。这可能说明手语作为一种语言，同样能够帮助聋生理解兼语句的语义内涵，让他们产生主动使用兼语句的意愿，乐于使用兼语句进行表达。"手口均差"学生并没有相对稳固的第一语言，加上兼语句结构较复杂，需要一定的思维能力，可能因此让他们难以习得兼语句。

---

① 高彦怡. 听障学生汉语书面语偏误研究 [D]. 长春：吉林大学，2018：79-132.
② 张帆. 从完句角度探讨聋生汉语书面语"省略"偏误教学 [J]. 绥化学院学报，2020，40（1）：30-34.
③ 高彦怡. 听障学生汉语书面语偏误研究 [D]. 长春：吉林大学，2018：133-134.
④ 吕会华，李晗静，房艳红. 聋人汉语书面语研究：以语料库为基础 [M]. 北京：华夏出版社，2023：187-207.

第 5 节　教学建议

一、针对兼语句特点与聋生习得难点进行教学

前面提到，聋生兼语句习得难点有兼语动词易混淆（如例 23）、前后分句的主语不一致时后一分句的主语不可省略（如例 7）、与"把"字句等句式混淆（如例 36）等，应针对兼语句的特点和聋生习得难点进行教学。要注重结合语境，对典型语境进行概括，分析语言点，重视规则讲解，注重练习交际性和机械性相结合。[①] 加强对句子语用功能的教学。语用指的是使用者在语境下对语言的运用。[②] 对聋生易混淆的动词加强重点讲解，如"给"和"让"的区别，并设计有针对性的练习。提醒学生及时复习巩固。

关于兼语句类型的教学顺序编排，本研究认为可以适当借助有关外国人兼语句教学方面的已有成果。如《国际中文教育中文水平等级标准》（以下简称《标准》）[③]中，共收录了 5 种类型的兼语句，见表 5.12。由于"有"字式兼语句（如"有人让我去听力室"）容易和前一个动词是"有"的连动句（如"我们有房子住"）混淆，可将此类句式的教学放在后面。建议将本文提到的四类常用兼语句类型作为学习的起点，从易到难，合理编排顺序。

表 5.12　《标准》中兼语句分级与聋生使用情况

等级	兼语句句式	聋生例句	聋生输出率排序	聋生正确率排序
三级（中级）	使令式	我请他去我家玩儿。	较高	中
四级（中级）	爱恨式	老师表扬他热心帮助同学。	中	很高
	选定式	老师都说她是好学生。	较低	较高

[①] 赵维雯. 国际中文教材中兼语句的分析及其教学研究 [D]. 重庆：重庆师范大学，2023：43-48.
[②] 邵敬敏. 现代汉语通论 [M]. 上海：上海教育出版社，2007：265.
[③] 中华人民共和国教育部，国家语言文字工作委员会. 国际中文教育中文水平等级标准 [S]. 北京：北京语言大学出版社，2021：30.

（续表）

等级	兼语句句式	聋生例句	聋生输出率排序	聋生正确率排序
四级（中级）	使令式	让我们从今天起努力做到以下几点……	高	中
五级（中级）	致使式	这件事令她十分苦恼。	很高	很低
九级（高级）	"有"字式	有人让我去听力室。	较高	较低

二、针对不同语言类型的学生进行教学

应针对不同语言类型的学生进行适宜的教学。对于"手语优势"聋生，加强手势和使令词的对照，手语中存在"同一手势对应多个词语"的情况，如"让"和"给"，应结合例句加大讲解力度；重点讲解手语中的空间表达如何转换成兼语句，可以将手语与汉语兼语句进行对比，以此让聋生更清晰地看到两种语言表达方式上的异同，增强聋生手语和汉语相互转化的能力。结合手语进行教学，会让"手语优势"聋生感觉更亲切，更能产生亲近感和学习兴趣，还能帮助其记忆。选择适合聋生的话题材料。建议加强对手语向汉语转换方面的研究力度，加强教学策略的研究，增强教学的预见性和针对性。

第六章　聋生连动句偏误分析

第1节　引言

连动句是汉语常用的特殊句式之一。由两个及两个以上的动词或动词词组构成谓语，它们之间没有停顿，没有关联词语，也没有分句间的逻辑关系，书面上没有逗号、顿号，并且这几个动词性成分共用一个主语，它们共同叙述、描写、说明这个主语，这样的动词谓语句叫连动句。[①]连动句的基本结构是"主语＋谓语1＋（宾语1）＋谓语2＋（宾语2）"。[②]关于连动句在表达上的特点，研究者认为，与具有同样语义结构的非连动句（连贯复句）比较，连动句在表达上显得简洁而精炼[③]。

连动句的结构特点有：其一，两个动词（短语）位置不能互换，类似"下课后，同学们打球跳绳做游戏"的句子，谓语由动词性词语连接在一起构成的并列短语充当，不是连动句；其二，主语最常见的是动词（短语）的施事，如"我去问""他们结了账搬走了""他急着说"。也可以是受事，如"书放在宿舍没带来"。也可以既是受事也是施事，如"张老师调到中文系教古汉语去了"。此外，连动句谓语的结构中心可以有两个或两个以上，几个动词性词语连用的排列顺序依次记作"动1＋动2＋动3……"。[④]

关于连动句的分类，研究者多从形式特征、语义方面进行研究。例如，朱德熙（1982）[⑤]将连谓结构分为V1带"着"或"了"、由动词"来""去"组成、由动

[①] 齐沪扬.对外汉语教学语法[M].上海：复旦大学出版社，2005：295-301.
[②] 孙冬惠.对外汉语特殊句式十讲[M].北京：中国戏剧出版社，2018：155-175.
[③] 范晓.汉语的句子类型[M].太原：书海出版社，1998：68-78.
[④] 范晓.汉语的句子类型[M].太原：书海出版社，1998：68-78.
[⑤] 朱德熙.语法讲义[M].北京：商务印书馆，1982：160-174.

词"是"组成、由动词"有"组成、由动词"给"组成。范晓（1998）则从连动句前后两个动词短语的角度，对其形式特征进行分析，从 V1 角度分为动宾短语、动补短语、单个动词、动词+"着"、动词重叠式 5 种类型；从 V2 角度分为单个动词、动词短语。

对于连动句的语义类型，前人有很多研究。在语义类型划分方面影响较大的是刘月华、潘文娱、故韡（2001）[①]的划分方法，根据前后两个动词（短语）之间的意义关系将连动句分为动作先后发生、目的——动作、方式等——动作、正反说明、前一动词为"有/没有"等 5 种语义类型。黄伯荣、廖序东（2017）[②]，齐沪扬（2005）[③]等在此基础上，从语义角度将连动句分成更多类型。

关于连动句的教学研究，在二语教学研究领域中多有成果。例如，孙冬惠（2018）从四个方面提出教学建议，即重视习得顺序；加强理论学习，提高教师素质；正确对待学生偏误，灵活调整教学策略；加强对比分析，预测教学难点。徐瑞霞（2022）[④]提出了细化连动句层级、补充特殊句式结构、多角度讲解等教学建议。

目前暂时找不到关于聋人连动句偏误分析的直接相关文献，但聋生汉语习得相关研究有不少，如叶立言（1990）[⑤]，张宁生（1995）[⑥]，吴铃（2005）[⑦]，王静（2008）[⑧]，王玉玲（2018）[⑨]，吕会华（2023）[⑩]，刘卿、赵晓驰（2023）[⑪]等。已有研究

[①] 刘月华,潘文娱,故韡.实用现代汉语语法（增订本）[M].北京：商务印书馆,2001：701-707.
[②] 黄伯荣,廖序东.现代汉语：下册（增订六版）[M].北京：高等教育出版社,2017：94.
[③] 齐沪扬.对外汉语教学语法[M].上海：复旦大学出版社,2005：295-301.
[④] 徐瑞霞.汉语综合教材连谓句的考察与分析——以《中文听说读写》与《博雅汉语》为例[D].西安：西安外国语大学,2022：61-66.
[⑤] 叶立言.聋校语言教学[M].北京：光明日报出版社,1990：137-148.
[⑥] 张宁生.听觉障碍儿童的心理与教育[M].北京：华夏出版社,1995：138-167.
[⑦] 吴铃.试论自然手语和文法手语的几个问题[J].中国特殊教育,2005（9）：45-49.
[⑧] 王静.中国聋人自然手语和古代汉语之比较[J].中国特殊教育,2008（2）：35-38.
[⑨] 王玉玲,张宝林,陈甜天,等.高中听障学生汉语语法偏误分析——基于语料库的研究[J].中国听力语言康复科学杂志,2018,16（3）：5.
[⑩] 吕会华,李晗静,房艳红.聋人汉语书面语研究：以语料库为基础[M].北京：华夏出版社,2023：187-206.
[⑪] 刘卿,赵晓驰.聋人手语会话"省略"特征及对聋人汉语教学的启示[J].现代特殊教育,2023（4）：46-53.

发现，自然手语和汉语书面语之间存在差异。这种差异是否体现在聋生连动句的学习上，又是如何体现的，这是本研究想要探究的问题。

本研究基于自建的义务教育阶段聋生汉语中介语语料库，对北京市义务教育阶段聋生自然产出的汉语语料进行收集、标注、统计与分析，试图在语料库的基础上，分析义务教育阶段聋生连动句的偏误类型、分布及原因，以期为今后聋校语言教学学习材料的编写、汉语句式的教学提供依据和参考。

第2节　聋生连动句的偏误类型

一、总体情况

本语料库对聋生汉语特殊句式进行了人工标注，共有连动句正确句602句，偏误句409句，正确率为59.55%。需要说明的是，偏误句中不包含只是词语层面有误的句子，如"红薯"误写为"红薯瓜"、"突然"误写为"突"、"爆米花"写成"玉米爆"、"嘲笑"写成"嘲讽笑"、"参观"写成"看观"等。另外，语料中状语多余（9句）、状语残缺（11句）、状语误用（3句）、定语残缺（5句）、定语多余（3句）、定语错序（5句）虽然属于语法偏误，但并不是连动句本身的语法问题，也不视为连动句语法偏误。

在409个连动句偏误句中，"该用未用"6句，占连动句偏误总数的1.47%；"不该用而用"13句，占连动句偏误总数的3.18%；内部偏误390句，占连动句偏误总数的95.35%（详见表6.1）。

表6.1　聋生连动句偏误类型分布

	该用未用	不该用而用	内部偏误	总计
数量（句）	6	13	390	409
比例	1.47%	3.18%	95.35%	100%

二、聋生连动句偏误类型

（一）该用未用

"该用未用"是指在汉语母语者一般会使用连动句的情况下，聋生未用连动句的中介语现象。"该用未用"各类型偏误率从高到低依次为：助词多余（4/66.67%）、句式误用（2/33.33%），详见表6.2。

表6.2 聋生连动句"该用未用"的偏误类型及其分布

一级偏误	二级偏误	三级偏误	数量	比例
该用未用	助词多余	V1应为动词短语而误为带"地"的状语	4	66.67%
	句式误用	该用连动句而误用为"把"字句	2	33.33%
	合计		6	100%

1. 助词多余

助词多余主要是V1应为动词短语而误为带"地"的状语，导致助词多余。此类偏误共4句。

例1 突然魏老师走进教室地说……

例2 他回头地说……

例1和例2从表面上看只是一般谓语句，但在语境中，句中的状语成分实际应为述语成分，即V1后误加了"地"，导致连谓结构变成了偏正结构。例1改为"走进教室说"，例2改为"他回头说"。

2. 句式误用

句式误用主要是该用连动句而误用为"把"字句。此类偏误共2句。

例3 我把这本书问姐："我想要这本书。"

例3从表面上看是"把"字句，而根据语境应为连动句。本句应该将"把"改为"拿"，并加上趋向动词"起"做补语，改为"拿起这本书问姐"。

（二）不该用而用

"不该用而用"是指在汉语母语者一般不会使用连动句的情况下，聋生使用了连动句的中介语现象。此类偏误共13句，各类型偏误率从高到低依次为：V1多余

（6/46.15%）、V1 误用（4/30.77%）、句式误用（3/23.08%），详见表 6.3。

表 6.3 聋生连动句"不该用而用"的偏误类型及其分布

一级偏误	二级偏误	三级偏误	数量	比例
不该用而用	V1 多余（6/46.15%）	一般动词表义重复	4	30.77%
		V1 "来/去"多余	2	15.38%
	V1 误用（4/30.77%）	该用介词而误用为动词	2	15.38%
		该用副词而误用为动词	1	7.69%
		该用连词而误用为动词	1	7.69%
	句式误用（3/23.08%）	该用"把"字句而误用为连动句	3	23.08%
	合计		13	100%

1. V1 多余

V1 多余是指在语境中该用一个动词而误用为意思相近的两个动词，包括一般动词表义重复、V1 "来/去"多余这两种情况。此类偏误共 6 句。

例 4　我们**做洗**茶艺工具。

例 5　明天**去开**学了。

例 4 和例 5 虽然表面上看好像是动词的连用，像是连动句，然而在语境中却应只用一个动词做谓语。例 4 在语境中想表达的意思是"茶艺课上，我们洗茶艺工具"。例 5 在语境中想表达的意思是"假期结束了，明天就要开学了"。

2. V1 误用

V1 误用是指该用其他词性的词语而误用为动词，包括应该用介词、副词、连词三种情况。此类偏误共 4 句。

例 6　我特别开心地**去**楼道跑。（往）

例 7　我起床了时候，**起立**跑到厕所。（立刻）

例 8　我**问**妈妈微信聊天。（和）

例 6 中，"去"应改为"往"，根据上下文，作者实际上想用介宾短语表示"跑"的方向，表示"往哪儿跑"，是状中短语，而非想要表达"去楼道"的目的是"跑"。例 7 中，根据上下文，"起立"应为副词"立刻"，构成一般谓语句。例 8 中，

"问"应改为连词"和",构成一般谓语句。

3. 句式误用

句式误用主要是该用"把"字句而误用为连动句。此类偏误共 3 句。

例 9　我拿一个盆子袋子里面带回家了。(把)

例 9 实际表达一种处置义,"把……装进袋子里面带回家了",应该用"把"字句。本句应把"拿"改为"把",同时"盆子"后面应加动词短语"装进"。

(三)内部偏误

"内部偏误"是指在汉语母语者一般会使用连动句的情况下,聋生使用了连动句,但存在一些语法偏误的中介语现象。

在一个连动句中可能存在多处偏误,390 个内部偏误句中共存在 463 处语法偏误。内部偏误各类型占比从高到低依次为:句子成分偏误(260/66.67%)、词语偏误(154/39.49%)、语序偏误(49/12.56%),详见表 6.4。

表 6.4　聋生连动句内部偏误类型及其分布

一级分类	二级分类	三级分类	数量	比例
句子成分偏误 260/66.67%	述语偏误 86/22.05%	述语残缺	62	15.90%
		述语多余	24	6.15%
	主语偏误 85/21.79%	主语残缺	82	21.03%
		主语或主语中心语多余	3	0.77%
	补语偏误 47/12.05%	补语残缺	46	11.79%
		补语多余	1	0.26%
	宾语偏误 42/10.77%	宾语残缺	40	10.26%
		宾语或宾语中心语多余	2	0.51%
语序偏误 49/12.56%	句子成分顺序偏误 47/12.05%	宾语顺序偏误	21	5.38%
		状语顺序偏误	13	3.33%
		述语顺序偏误	9	2.31%
		补语顺序偏误	4	1.03%
	词语顺序偏误 2/0.51%	词语顺序偏误	2	0.51%

(续表)

一级分类	二级分类	三级分类	数量	比例
词语偏误 154/39.49%	动词偏误 62/15.90%	趋向动词误用	12	3.08%
		一般动词误用	50	12.82%
	助词偏误 55/14.10%	缺助词	42	10.77%
		多助词	8	2.05%
		助词误用	5	1.28%
	介词偏误 23/5.90%	缺介词	16	4.10%
		介词误用	4	1.03%
		多介词	3	0.77%
	方位名词偏误 10/2.56%	缺方位名词	4	1.03%
		多方位名词	4	1.03%
		方位名词误用	2	0.51%
	其他 4/1.03%	词性误用	4	1.03%
合计			463	

说明：390 句共计 463 处偏误，比例＝各类偏误数量/内部偏误总句数，因此比例总和大于 100%。

1. 句子成分偏误

连动句句子成分偏误是指由句子成分残缺或多余造成偏误的中介语现象。此类偏误共 260 处。该偏误各类型占比由高到低依次是：述语偏误（86/22.05%）、主语偏误（85/21.79%）、补语偏误（47/12.05%）、宾语偏误（42/10.77%）。其中句子成分残缺（230/58.97%）的偏误比例远高于句子成分多余（30/7.69%）。

（1）述语偏误

该偏误共 86 处，包括两种情况：述语残缺（62/15.90%）、述语多余（24/6.15%）。

① 述语残缺

述语残缺指的是连动句中的动词残缺，包括 V1 残缺、V2 残缺、V3 残缺等情况。此类偏误共 62 处。

例10　我【　】困倦着双眼背书包去上学。（睁着）

例11　我们去【　】过山车。（玩）

例12　我也跟着【　】祝愿了。（写）

例13　我们坐大巴车上出发【　】冰壶活动。（去参加）

例10－例13为述语残缺，其中例10为V1残缺，例11和例12为V2残缺，例13为V3残缺。例10中V1应为"睁着困倦的双眼"，其中"睁着"缺失，导致成分残缺，同时"困倦"后面的"着"应改为结构助词"的"。例11中V2"玩"缺失，只有宾语"过山车"，应改为"去玩过山车"。例12，根据上下文，"祝愿"应为"祝福语"，同时前面缺失了V2"写"，应改为"跟着写祝福语"。例13中"冰壶活动"前应加动词"去参加"，改成"去参加冰壶活动"，这样语义表达才清晰。

② 述语多余

述语多余指的是连动句中的动词多余。此类偏误共24处。

例14　到了上午，我们去食堂做包饺子。

例15　到西单之后，我和闺蜜去来电玩城玩。

例16　我去看看姥爷一眼。

例17　于是他拿3个斧头高兴拿回去。

例14中的"做包饺子"，"做"和"包"表示同一个意思，应删掉一个。例15中的"去来电玩城"，"去""来"都为趋向动词，这里应删掉一个。例16属于动词重叠错误，句中"看看"应改为"看"，单个动词重叠本身就带有短暂的含义，"看看"和"看一眼"的意思相近，应只保留一种。例17中出现了两个"拿"，后一个"拿"的后面还有动词"回去"，整个句子想要表达的意思是"拿着斧头高兴地回去"，因此删掉第二个"拿"。此外，本句中第一个"拿"的后面还缺少表示状态的助词"着"，"高兴"的后面缺少结构助词"地"，"回去"的后面缺少动态助词"了"。

（2）主语偏误

该偏误共85处，包括两种情况：主语残缺（82/21.03%）、主语或主语中心语多余（3/0.77%）。

① 主语残缺

主语残缺指的是应该有主语但没有使用，造成语义不明，不包括承前省略主语的情况。此类偏误共82处。

例 18　陈老师叫我去拿书,【 】拿好了书走进图书馆。(我)

例 19　【 】走到前门集合,吴老师他们已经到了。(我们)

例 20　【 】回到自己座位休息,刘老师给了我小小的纸。(我)

例 18 前后两分句的主语分别是"陈老师"和"我",例 19 分别为"我们"和"吴老师",例 20 为"我"和"刘老师"。当两个分句的主语不一致时,两个主语都不能省略。因此,例 18-例 20 应分别补上主语"我""我们""我"。

② 主语或主语中心语多余

例 21　耶耶,我的心里高兴地收拾书包回家了。

例 21 为主语中心语多余,应去掉"心里"。动词短语"收拾书包"和"回家"的主语都是"我",而不是"心里"。同时,"我"后面的助词"的"也应去掉。

（3）补语偏误

该偏误共 47 处,包括两种情况:补语残缺(46/11.79%)和补语多余(1/0.26%)。

① 补语残缺

该偏误共 46 处,包括两种情况:缺少"起""下""进""出""过""到""开"等趋向动词导致的语法偏误(41/10.51%)和缺少其他补语成分的语法偏误(5/1.28%)。

例 22　我去拿校服装【 】书包【 】。(进,里)

例 23　先坐【 】休息放松一下。(下/下来)

例 22 中动词"装"的后面应加"进/到","书包"后还应加方位名词"里",表示"校服"移动到宾语"书包"里,这样表义更清晰完整。例 23 中动词"坐"的后面应加复合趋向补语"下来",表示主语空间位置移动的结果。

② 补语多余

该偏误仅 1 处,见例 24。

例 24　我跑到冰箱旁边打开一下。(前面/那儿/那里,冰箱门)

例 24 在结果补语"打开"之后叠加了数量补语"一下",根据语境,说话者想要表达的是打开的结果("打开"),而不是动作短时、快速("打开一下"),数量补语多余。同时,V2 缺少宾语。正确句应为"我跑到冰箱旁打开冰箱门"。

（4）宾语偏误

该偏误共 42 处,包括两种情况:宾语残缺(40/10.26%)和宾语或宾语中心语多余（2/0.51%）。

①宾语残缺

该偏误共 40 处，占比 10.26%。

例 25　终于忙完了，我着急打开【 】看直播。（电视）

例 26　【 】到了衣帽间先拿【 】擦地。（我，墩布）

例 25 中，动词"打开"的后面应加宾语"电视"，同时"着急"改为"急忙"，这样表达才清晰完整。例 26 中"拿"为及物动词，后面应有宾语"墩布"，宾语遗漏导致语义表达不完整；同时句中缺少主语"我"，应补上。

②宾语或宾语中心语多余

该偏误共 2 处，占比 0.51%。

例 27　我们六年级和高三年级聚在一起庆元旦活动。

例 27 中 V2 "庆"应改为"庆祝"，其后往往搭配宾语"节日"或"元旦"等，宾语中心语"活动"应去掉。

2. 语序偏误

语序偏误是指由句子成分或词语顺序问题导致偏误的中介语现象。聋生连动句语序偏误共 49 处，占连动句内部偏误总数的 12.56%。该偏误各类型占比由高到低依次为：宾语顺序偏误（21/5.38%）、状语顺序偏误（13/3.33%）、述语顺序偏误（9/2.31%）、补语顺序偏误（4/1.03%）、词语顺序偏误（2/0.51%）。

（1）句子成分顺序偏误

①宾语顺序偏误

连动句宾语顺序偏误是指由动词宾语顺序不当导致偏误的中介语现象。此类偏误共 21 处。

例 28　今天晚上，我去买东西超市。

例 29　我们又乘坐 8 路到达欢乐谷地铁站，又等张 XX 一起去玩欢乐谷。

例 30　"周 X，我来找玩你。"

例 31　我们去那个太阳神车玩。

例 32　今天下午，我们去冰壶玩。

例 28-例 30 误将 V1 的宾语放在 V2 或 V2 短语之后。例 31、例 32 误将 V2 的宾语放到了 V1 之后，做了 V1 的宾语。例 28，根据上下文，应为目的关系的连动句，改为"去超市买东西"。例 29 中宾语"欢乐谷"对应的动词是"去"，因此它应调到"去"之后。例 30 中宾语"你"搭配的动词是 V2"找"，而非 V3"玩"，所以要紧跟在"找"之后。例 31 中"玩"的位置应该提前，"玩"的对象是"太阳神车"，应改为"我们去玩那个太阳神车"。例 32 和例 31 相似，"玩"的位置应该提前，应改为"我们去玩冰壶"。

②状语顺序偏误

连动句状语顺序偏误是指由状语顺序不当导致偏误的中介语现象。此类偏误共 13 处。

例 33　<u>可以</u>隔壁的同学进我班看看展板。

例 34　写作业后，我起<u>立刻</u>跑到厨房做饭啦。

在连动句中，状语一般放在 V1 前面。例 33 中，状语"可以"应放在 V1"进"之前。例 34 中，动词"起"应改为"起身"，同时状语"立刻"应放在 V1"起身"之前。

③述语顺序偏误

连动句述语顺序偏误是指由 V1 或 V2 顺序不当导致偏误的中介语现象。此类偏误共 9 处，包括两种情况：两个动词短语顺序不当、第一个动词短语误放在主语之前。

例 35　我<u>看看</u>翻。

例 36　爷爷和弟弟<u>去</u>出门买菜。

例 37　<u>出现了</u>宋教练叫我们准备跳水。

例 35 中，V1 是重叠形式"看看"，V2 是"翻"。在连动句中，如果是两个连续发生的动作，一般来说它们有时间先后，不能颠倒。"翻"应放在"看看"之前，在"翻"之后还应补上趋向动词"开"，表示结果意义，强调物体在空间上"施展开"，这句应为"我翻开看看"。例 36 中 V1 是"出门"，V2 是"去买菜"，后一动词短语是前一动词短语的目的，"去"应紧挨着"买菜"，这句改为"出门去买菜"。例 37 中，V1 误放在了主语前，在语境中，V1"出现"和 V2"叫我们准备跳水"都是主语"宋教练"发出的，V1 应该放在主语"宋教练"之后，这句改为"宋教练出现了叫我们准备跳水"。

④ 补语顺序偏误

连动句补语顺序偏误是指由补语成分顺序不当导致偏误的中介语现象。此类偏误共 4 处。

例 38　我和范 XX 动手做测验一下。

例 38 中，在 V2"做"的后面有补语"一下"和宾语"测验"，这种情况下，应该将补语"一下"紧挨在动词"做"之后，改为"做一下测验"。

（2）词语顺序

连动句词语顺序偏误是指由词语顺序不当导致偏误的中介语现象，包括助词"了"（1 处）、助词"着"（1 处）的位置有误。

例 39　今天【 】去了上美术课后。（我）

例 40　我找了【 】沙发坐等着。（个）

例 39 中"了"的位置错误，应该放在"上"的后面。助词"了"，一般放在连动句的 V2 后面，而不是 V1 后面，同时补上主语"我"，去掉句尾的方位词"后"，改为"今天我去上美术课了"。例 40 中"着"的位置错误，应放在 V2"坐"的后面，表示 V3"等"的方式，"着"表示动作的持续状态，同时在"沙发"之前加上量词"个"，这句改为"我找了个沙发坐着等"。

3. 词语偏误

词语偏误是指在连动句中起到重要语法作用的词语的误用导致偏误的中介语现象。此类偏误共 154 处，占比 39.49%，包括动词偏误（62/15.90%）、助词偏误（55/14.10%）、介词偏误（23/5.90%）、方位名词偏误（10/2.56%）、其他（4/1.03%）。

（1）动词偏误

动词偏误共 62 处，包括趋向动词误用（12/3.08%）和一般动词误用（50/12.82%）两种情况。

① 趋向动词误用

趋向动词误用只有一种情况，即单个趋向动词"来、去、进、过、起、开、到"与复合趋向动词"上来、下去、回来、起来、开去"等混淆。此类偏误共 12 处。

例 41　我回去班里做【 】（回，板报）

例42　我可以**进**理发了。（进去）

例41，V1后带宾语，但复合趋向动词"回去"不能带宾语，应改为单个趋向动词"回"，表示人还在原地，打算向教室移动，同时应在"做"的后面补上宾语"板报"，这样语义表达才更完整。例42，V1后无宾语，而单个趋向动词"进"之后应该带有宾语，因此应改为复合趋向动词"进去"，表示主语当时的立足点在"理发店"外，从外向室内移动。

② 一般动词误用

一般动词误用指的是趋向动词之外的其他动词误用导致的偏误。此类偏误共50处。

例43　这样同学**引**我聊天吗？（找）

例44　仇老师打着手语**是**："写第二题。"（说）

例45　我们坐火车**发往**晋城市陵川县杨赛村。（前往）

例43中动词"引"应改为"找"，同时在前面加上能愿动词"会"，表示作者是想询问一种事情发生的可能性。例44中动词"是"应改为"说"，这样两个动作才都是主语发出的。在连动句中，两个动词描述的主语对象应为同一个。例45中V2"发往"应改为"前往"，二者的差别是施事者不同。连动句中连续的动作都是同一个主语发出的，本句主语为"我们"，而动词"发往"的主语通常是"火车"，而非"我们"。

（2）助词偏误

此类偏误共55处，包括缺助词（42/10.77%）、多助词（8/2.05%）和助词误用（5/1.28%）三种情况。

① 缺助词

缺助词是指连动句中某些和动作形式有关的助词缺失所产生的偏误。此类偏误共42处。

例46　老姑父坐【　】吃饭。（着）

例47　我拿出巧克力吃【　】上去。（着）

例48　我救【　】那个姑娘带到桃花村。（了）

例46中，在"坐"的后面应加上助词"着"，"坐着"是"吃饭"的动作方式，表示怎么吃饭。例47和例46类似，连动句中前一动作是后一动作的方式，"吃"

的后面应加"着",强调动作的方式,是"吃着上去"。例 48 中,V1"救"的后面应加上助词"了",表示动作的完成。

② 多助词

多助词是指连动句中某些和动作形式有关的助词多余所产生的偏误。此类偏误共 8 处。

例 49 我就打开"扫一扫"对准着它。

例 50 下周一我回老家看病了。

例 49 中"对准"后面的助词"着"应删掉,属于误加,前后两个动词是互相补充的关系,既不强调动作的方式,也不强调动作正在进行,所以不用加"着"。例 50 中结尾的"了"属于误加,根据语境,事情并未发生,是指计划要做的事。

③ 助词误用

助词误用是指将助词和其他词语混淆所产生的偏误。此类偏误共 5 处。

例 51 大家笑得点头说 OK。(着)

例 52 河水中的鱼儿欢呼地游来游去。(着)

例 53 五点二十五分才结束,我们一群【】冲着食堂吃饭。(人,到/进)

例 51,"得"应改为"着","笑着"是强调动作的方式。连动句中表示动作状态时,一般要在前一个动词的后面加"着","着"往往放在动词后、宾语前。例 52 中,助词"地"应改为"着",表示"游来游去"的方式是"欢呼着"。例 53,"一群"之后缺少中心语"人",同时在动词"冲"后面的"着"应改为趋向动词"到/进",表示"一群人"从外面移动到"食堂"里。

(3) 介词偏误

介词偏误共 23 处,包括缺介词(16/4.10%)、介词误用(4/1.03%)和多介词(3/0.77%)三种情况。

① 缺介词

缺介词是指连动句中因介词遗漏所产生的偏误。此类偏误共 16 处。

例 54 安慰之后,她主动去【】赵 XX 道歉。(缺"向")

例 54 中缺少了介词"向",介宾短语结构不完整。

② 介词误用

介词误用是指连动句中因介词误用所产生的偏误。此类偏误共 4 处。

例 55　我回在教室写作业。(到)

例 56　医生拿着镜子对我的口腔里照。(朝)

例 55 中，介词"在"应改为趋向动词"到"，说明"我"的位置从"教室外"移动到"教室里"。例 56 中，介词"对"应改为"朝"，表示动作的方向。"对"做介词时多用于引出对象，这里不适合。

③ 多介词

多介词是指连动句中因介词多余所产生的偏误。此类偏误共 3 处。

例 57　我们在走路对【】家长和领导打招呼。(缺"着")

例 57 中存在多种偏误。介词"在"应去掉，同时动词"走路"应为动词短语"走过去"，介词"对"的后面应加上助词"着"。这句改为"我们走过去对着家长和领导打招呼"。

（4）方位名词偏误

该偏误共 10 处，包括缺方位名词（4/1.03%）、多方位名词（4/1.03%）、方位名词误用（2/0.51%）三种情况。

① 缺方位名词

缺方位名词是指连动句中因方位名词缺失所产生的偏误。此类偏误共 4 处。

例 58　我跑到窗户【】打开窗。(前/边)

例 58 中在"窗户"之后应补上方位名词"前"或"边"，这样表义才更加完整。

② 多方位名词

多方位名词是指连动句中因方位名词多余所产生的偏误。此类偏误共 4 处。

例 59　我们坐大巴车上出发【】冰壶活动。(去参加掷)

例 59 中"上"应该去掉，动宾短语"坐大巴车"作为 V1，表示动作的方式。同时在"出发"之后应该加上动词"去参加掷"。这句改为"我们坐大巴车出发去参加掷冰壶活动"。

③ 方位名词误用

方位名词误用是指连动句中因方位名词误用所产生的偏误。此类偏误共 2 处。

例 60　我拿一个碗放上厨房桌子上。(在)

例 60 中的"上"应该改为"在"，"在"和后面的"……上"组成介词短语做补语。

（5）其他

其他词语偏误是指由词性误用导致的偏误。此类偏误共 4 处。

例 61　我连忙跑过去找划船。（船）

例 61 从表面上看是 V1、V2、V3 组成的连动句，实际上"划船"应改为"船"，"船"做动词"找"的宾语。

第 3 节　聋生连动句的偏误分布

一、不同学段聋生的连动句偏误差异分析

从表 6.5 可见，各年级聋生连动句的使用频率和正确率由高到低依次为：七年级（0.5764%/75.07%）、三～六年级（0.3954%/58.25%）、八年级（0.4008%/51.69%）、九年级（0.3073%/42.49%）。七年级聋生的正确率最高，且使用频率也最高；九年级聋生的正确率最低，且使用频率也是最低。

"该用未用"偏误类型出现在各年级的数量均很少，仅为 1～2 句。这可能在一定程度上说明聋生刻意回避连动句的情况较少。

"不该用而用"偏误类型的使用频率在三～六年级明显高于其他年级，在七年级、八年级、九年级虽有小幅波动，但均明显低于三～六年级，总体上呈现下降趋势。这说明聋生对正确使用连动句的意识随着年级的升高而增强。

"内部偏误"的使用频率在八、九年级较高，在三～七年级相对较低，七年级为各学段中最低。

表 6.5　各学段聋生连动句偏误类型分布

年级	正确句	偏误句	使用频次	使用频率（%）	正确率（%）	该用未用 频次/频率（%）	不该用而用 频次/频率（%）	内部偏误 频次/频率（%）
三～六年级（字数 48817）	113	81	193	0.3954	58.25	1/0.0020	5/0.0102	75/0.1536

（续表）

年级	正确句	偏误句	使用频次	使用频率（%）	正确率（%）	偏误情况		
						该用未用频次/频率（%）	不该用而用频次/频率（%）	内部偏误频次/频率（%）
七年级（字数 65064）	283	94	375	0.5764	75.07	2/0.0031	3/0.0046	89/0.1368
八年级（字数 51393）	107	100	206	0.4008	51.69	1/0.0019	3/0.0058	96/0.1868
九年级（字数 75176）	99	134	231	0.3073	42.49	2/0.0027	2/0.0027	130/0.1729
合计	602	409				6	13	390

注：使用频次 = 正确句 + 不该用而用 + 内部偏误；使用频率 = 各学段使用频次/各学段语料字数

表6.6统计了连动句内部偏误各类型在各学段的占比。偏误比例从高到低依次为：句子成分偏误最高，词语偏误居中，语序偏误最低，各年级内部偏误的三种偏误类型排序相同。

句子成分偏误方面，在三～六年级述语偏误、主语偏误、补语偏误、宾语偏误的占比分别为16.49%、15.46%、17.53%、10.31%，比较均衡。而在其他年级，句子成分二级偏误分布较不均衡。例如，在七年级主语偏误占比（5.26%）和宾语偏误占比（7.37%）明显少于述语偏误占比（21.05%）和补语偏误占比（11.58%）。

语序偏误方面，在三～六年级该偏误占比为11.34%，和句子成分偏误（59.79%）、词语偏误（28.87%）相比，占比不算突出。到了七年级，该偏误占比为23.16%，缩小了和句子成分偏误（45.26%）、词语偏误（31.58%）之间的差距。八年级时该偏误占比为0.91%，扩大了和其他两类偏误之间的差距（62.73%和36.36%）；九年级时该偏误占比为9.32%，依然和其他两类偏误存在较大差距（55.90%和34.78%）。

词语偏误方面，在三～六年级动词偏误占比为9.28%，在七年级该偏误占比为13.68%，在八年级该偏误占比为13.64%，在九年级该偏误占比为15.53%，这说明即使年级升高，动词偏误问题也一直是聋生学习的难点之一，需要引起重视。助词偏误方面，在三～六年级该偏误占比为11.34%，在七年级该偏误占比为11.58%，在八年级该偏误占比为15.45%，在九年级该偏误占比为9.94%，这说明助词偏误问题也是各年级聋生学习的难点之一。介词偏误、方位名词偏误虽然数量不多，但各年级均有出现。

表6.6 各学段聋生连动句内部偏误类型分布

一级偏误	二级偏误	三～六年级 数量	三～六年级 比例	七年级 数量	七年级 比例	八年级 数量	八年级 比例	九年级 数量	九年级 比例	合计
句子成分偏误	述语偏误	16	16.49%	20	21.05%	20	18.18%	30	18.63%	86
	主语偏误	15	15.46%	5	5.26%	31	28.18%	34	21.12%	85
	补语偏误	17	17.53%	11	11.58%	11	10.00%	8	4.97%	47
	宾语偏误	10	10.31%	7	7.37%	7	6.36%	18	11.18%	42
	小计	58	59.79%	43	45.26%	69	62.73%	90	55.90%	260
语序偏误	语序偏误	11	11.34%	22	23.16%	1	0.91%	15	9.32%	49
词语偏误	动词偏误	9	9.28%	13	13.68%	15	13.64%	25	15.53%	62
	助词偏误	11	11.34%	11	11.58%	17	15.45%	16	9.94%	55
	介词偏误	5	5.15%	4	4.21%	6	5.45%	8	4.97%	23
	方位名词偏误	2	2.06%	1	1.05%	2	1.82%	5	3.11%	10
	其他	1	1.03%	1	1.05%	0	0.00%	2	1.24%	4
	小计	28	28.87%	30	31.58%	40	36.36%	56	34.78%	154
	合计	97		95		110		161		463

注：比例=各学段偏误数/各学段偏误总数

由于数量较少，上述结果存在着一定的偶然性。

二、不同语言类型聋生的连动句偏误差异分析

本研究采用三角验证法对手语和口语中哪个语言为聋生的相对优势语言进行判断，将聋生分为"手口均优""手口均差""手口一般""手语优势""口语优势"

五种类型。

从表 6.7 可见，使用频率方面，各语言类型聋生的连动句使用频率从高到低依次为："手口均差""手口均优""口语优势""手语优势""手口一般"。正确率从高到低依次为："手口均优""口语优势""手口一般""手语优势""手口均差"。

表 6.7　各语言类型聋生连动句偏误类型分布

语言类型	正确句	偏误句	使用频次	使用频率（%）	正确率（%）	不该用而用	内部偏误
手口均优（字数 24501）	71	30	99	0.4041	70.30	1	27
口语优势（字数 82125）	223	105	327	0.3982	67.99	4	100
手语优势（字数 118808）	218	203	418	0.3518	51.78	7	193
手口一般（字数 21222）	41	22	63	0.2969	65.08	1	21
手口均差（字数 16514）	49	49	98	0.5934	50.00	0	49
合计	602	409				13	390

注：使用频次＝正确句＋不该用而用＋内部偏误；使用频率＝各语言类型使用频次/各语言类型语料字数

从表 6.8 可见，各语言类型聋生的句子成分偏误都是最多的，其次是词语偏误。"手口均优"学生的连动句正确率最高，并且"手口均优"学生也是唯一没有语序偏误的。

句子成分偏误方面，"手口均优""口语优势"学生的口语都相对较好，句子成分偏误率最高的都是述语偏误；"手口一般""手口均差"学生没有较为擅长的语言类型，句子成分偏误率最高的都是主语偏误；而"手语优势"学生在述语偏误、主语偏误的偏误率均较高。

语序偏误方面，"手口均优"学生没有该类偏误，"手口均差"学生的该类偏误也较少；"口语优势""手语优势""手口一般"学生的语序偏误率都相对较高。

词语偏误方面，"口语优势"和"手语优势"学生的动词偏误率最高；"手口均优"学生的动词、助词偏误率并列最高；"手口一般"学生的动词、介词偏误率并列最高;"手口均差"学生的助词偏误率最高。可见,不同语言类型聋生的词语偏误有不同的特点。

表 6.8 各语言类型聋生连动句内部偏误类型分布

一级偏误	二级偏误	手口均优 数量	手口均优 比例	口语优势 数量	口语优势 比例	手语优势 数量	手语优势 比例	手口一般 数量	手口一般 比例	手口均差 数量	手口均差 比例	合计
句子成分偏误	述语偏误	9	31.03%	20	17.70%	47	20.17%	2	7.41%	8	13.11%	86
	主语偏误	4	13.79%	18	15.93%	41	17.60%	7	25.93%	15	24.59%	85
	补语偏误	3	10.34%	10	8.85%	24	10.30%	4	14.81%	6	9.84%	47
	宾语偏误	1	3.45%	12	10.62%	23	9.87%	2	7.41%	4	6.56%	42
	小计	17	58.62%	60	53.10%	135	57.94%	15	55.56%	33	54.10%	260
语序	语序偏误	0	0.00%	19	16.81%	24	10.30%	4	14.81%	2	3.28%	49
词语偏误	动词偏误	5	17.24%	17	15.04%	26	11.16%	3	11.11%	11	18.03%	62
	助词偏误	5	17.24%	11	9.73%	24	10.30%	2	7.41%	13	21.31%	55
	介词偏误	2	6.90%	2	1.77%	16	6.87%	3	11.11%	0	0.00%	23
	方位名词偏误	0	0.00%	2	1.77%	6	2.58%	0	0.00%	2	3.28%	10
	其他	0	0.00%	2	1.77%	2	0.86%	0	0.00%	0	0.00%	4
	小计	12	41.38%	34	30.09%	74	31.76%	8	29.63%	26	42.62%	154
合计		29		113		233		27		61		463

注:本表的数量为处数,不是句数,一个句子中可能有多处偏误;比例=各语言类型偏误数/各语言类型偏误总数

第4节　聋生连动句的偏误原因

一、连动句的语义和句式复杂

有研究发现，外国留学生连动句偏误率为11%[①]，远低于聋生（40.45%）。通过进一步分析发现，在602句聋生正确连动句中，有很多由几个字组成的简单句，如"我来擦""我去拿""我去公园玩""妈妈问我说"，等等。在七年级，聋生连动句正确率达到各学段中最高，为75.07%。然而，到了八年级（51.69%）、九年级（42.49%），连动句正确率呈现下降趋势。一方面，这与各年级聋生写的句子的长度、复杂程度不同有关系，低年级学生选用的连动句句式多是简单句，高年级学生由于表达的需要，复杂句增多，而复杂的句子相对而言更容易出现偏误。另一方面，说明聋生实际只掌握了连动句的一部分比较简单的用法，未完全掌握连动句的语义特征与句法结构，因为连动句本身具有一定的复杂性。

连动句有多种语义和句式类型。刘月华等（2001）[②]将其分成五类，详见表6.9中的1—5。黄伯荣、廖序东（2017）[③]则在此基础上提出连动句有7种语义关系，多出的两种，其一为表6.9中的7；其二为重动句形式，如"他看书看累了"。齐沪扬（2005）[④]则在刘月华等的分类基础上，补充了3类，分别是表6.9中的6—8。可见，连动句本身就有一定的复杂性。而且，从表6.9中能看出连动句各个语义类型的学习难度是有差异的。《国际中文教育中文水平等级标准》（以下简称《标准》）[⑤]中连动句句型分级横跨第二级、第三级和第五级。

[①] 李茜.英语为母语的留学生汉语连动句的习得研究[D].成都：西南交通大学，2022：14.
[②] 刘月华，潘文娱，故韡.实用现代汉语语法（增订本）[M].北京：商务印书馆，2001：701-707.
[③] 黄伯荣，廖序东.现代汉语：下册（增订六版）[M].北京：高等教育出版社，2017：94.
[④] 齐沪扬.对外汉语教学语法[M].上海：复旦大学出版社，2005：295-301.
[⑤] 中华人民共和国教育部，国家语言文字工作委员会.国际中文教育中文水平等级标准[S].北京：北京语言大学出版社，2021：18.

表6.9 《标准》中连动句等级及其语义类型

	《标准》中连动句等级	语义特征	聋生例句
1	二级——连动句1：表示前后动作先后发生	表示先后或连续发生的两个动作或情况	他抬起头望着那满天的小星星。
2	三级——连动句2：（1）前一动作是后一动作的方式（2）后一动作是前一动作的目的	前一个动作行为是后一个动作的方式（或手段、工具）	我拿着残疾人证上去。我坐地铁去上学。
3		后一个动作行为是前一个动作的目的	我和闺蜜去物美买东西。我明天去博物馆参观。
4	——	前一个动词（短语）表示肯定，后一个动词表示否定，从正反两方面说明一个事实	他坐着不乱动。
5	——	前一个动词为"有（或没有）"的连动句	我有勇气去尝试呀。
6	三级——连动句2：（2）后一动作是前一动作的目的	动词重叠形式，一般为同一个动词重叠	我去教室看看。
7	五级——连动句3：前后两个动词性词语具有因果、转折、条件关系	后一个动作是前一个动作的结果	我听了感觉有些不舒服。他看了短信高兴极了。
8	三级——连动句2：（2）后一动作是前一动作的目的	前后动作是目的和对象关系	她画了美羊羊给爸爸看。

连动句的语序排列有时间性，这是连动句的重要特点之一，但是有的连动句的前一个动作的时间性并不明显，常和后一个动作相伴发生，在语义关系上更多体现为"方式—动作""动作—目的""工具—动作"等，这使得连动结构与偏正结构的界限比较模糊。这是连动句复杂性的表现之一。

例52 河水中的鱼儿欢呼【地】游来游去。（着）

对于聋生而言，理解"欢呼着游来游去"和"欢快地游来游去"的细微差异，有一定难度。通常连动句中的第一个动作是语境中的重点信息，它传达了说话者的主要意图或行为。[1] 例52"欢呼着游来游去"中，"欢呼"是重点信息，而状中

---

[1] 王桑吉.汉语连动句的语法结构类型研究[J].参花，2024（2）：149-151.

短语"欢快地游来游去"中"游来游去"是重点信息。

此外，表 6.10 是范晓（1998）从形式特征上对连动句的类型进行划分，从中可以看出连动句的句式复杂性还表现在有的 V1 后面直接加第二个动词短语，如"他去跑步"；有的 V1 后面必须加"着"，之后才能再加第二个动词短语，如例 46。因此，有研究者根据连动句的形式特征，将其分成不同类型。刚才提到的句子分别属于表 6.10 中的 3 和 4。

例 46　老姑父坐【　】吃饭。（着）

聋生出现类似例 46 这种缺少助词的偏误句较多，共 42 句，占比 10.77%。出现此类偏误的主要原因之一可能是学生对连动句的结构和语义特点不够了解，对连动句的使用规则没有充分掌握，即目的语知识不足。在连动句中，表示动作状态时，如果 V1 是单音节动词，必须加"着"；如果是双音节动词或动词后面有附加成分，则不用"着"，如"爷爷走路去公园"[1]。

表 6.10　连动句形式特征类型（从 V1 的角度）[2]

	形式特征	二级分类	聋生例句
1	V1 是动宾短语	1.1 V1 为及物动词	我们乘汽车到西单。
		1.2 V1 为趋向动词	我进商店买东西。
2	V1 是动补短语	2.1 趋向补语	他们走过来问我……
		2.2 结果补语	我们买完了菜去书店找《全解》。
		2.3 数量补语	我走了一圈回去了。
		2.4 处所补语	我站在窗户旁边看风景。
3	V1 是单个动词	3.1 V1 为"来""去"	他去跑步。
		3.2 V1 为复合趋向动词	你进去看看！
4	V1 为"动词 + 着"	——	神仙微笑着说……
5	V1 为动词重叠式	——	她笑笑对我打手语说……

总之，由于听力残缺，加上聋校没有专门的汉语语言课，聋生缺乏专业的教学指导。到了高年级，随着表达越来越丰富，句子越写越长越复杂，连动句语义、

---

[1] 孙冬惠. 对外汉语特殊句式十讲 [M]. 北京：中国戏剧出版社，2018：155-175.
[2] 范晓. 汉语的句子类型 [M]. 太原：书海出版社，1998：68-78.

句法知识等渐渐无法满足表达需要，出错的风险加大。连动句正确率到了八、九年级反而呈现下降的趋势。这也提醒聋校教师需要重视不同年级聋生的学习需要，尽可能开设专门的辅导，教授汉语特殊句式相关知识。

二、手语与汉语书面语的差异

前面提到，连动句本身的复杂性对聋生学习和掌握该句式有影响，需要有专门的教材和人员教授相关知识。不仅如此，研究表明，影响聋生汉语书面语表达能力的相关因素有听力因素、康复因素、手语因素等[1]。手语因素因其独特性，是本研究重点讨论的内容。

本研究发现，"手口均优"聋生的连动句正确率最高（70.30%），其次是"口语优势"（67.99%）、"手口一般"（65.08%）、"手语优势"（51.78%），最低是"手口均差"（50.00%）。从这一结果能看出，受到听力障碍的影响越小，聋生的连动句正确率则越高。"手语优势"聋生的连动句正确率较低，倒数第二；"手口均差"聋生为倒数第一。"手口均差"聋生因为对汉语和手语两种语言都不熟悉，正确率最低，容易理解。但"手口一般"聋生的正确率比"手语优势"聋生明显偏高，可能是"手语优势"聋生受到手语语法的影响更多一些。

本研究还发现，在词语偏误方面，"口语优势"和"手语优势"聋生的动词偏误率最高；"手口均差"聋生的助词偏误率最高。这可能有手语、口语因素的影响，也和有的学生语言积累薄弱、对某些近义词语用法辨析不清有关。

同时，本研究还发现，在语序偏误方面，"手口均优"聋生没有该类偏误，"手口均差"聋生的该类偏误也较少。"口语优势""手语优势""手口一般"聋生的语序偏误率都相对较高。"手口均优"聋生的汉语习得环境较好，他们在语序把握方面很好；"手口均差"学生的句子往往写得非常简短，如"我去上学"。因此，此类偏误也较少出现。而其他三类聋生则在连动句语序的细节上存在薄弱点。由此可见，不同语言类型聋生的连动句偏误特点有所不同。

手语作为一种视觉语言，其与汉语的差异非常大。手语主要由手形、位置、

---

[1] 赵蓬欣.教育优质均衡发展的实践与探索：西城区"十二五"优秀教育教学研究成果集[M].北京：中国书籍出版社，2016：212-225.

运动和方向四大视觉要素构成，通过类标记、同时性表达、非手控特征等表达完整的意思。

首先，手语和汉语词汇并非是一一对应的。同一个手势动作，可能对应多个词语，这可能是产生词语误用的原因之一。

以动词误用为例，聋生动词偏误共62处，其中趋向动词误用共12处（3.08%），如例42；一般动词误用为50处（12.82%），如例45。

例42　我可以【进】理发了。（进去）

例45　我们坐火车【发往】晋城市陵川县杨赛村。（前往）

聋生之所以混淆趋向动词，原因之一是受手语的影响，"去""来"等表示运动方面和空间轨迹改变的动词，在手语中被称为"空间动词"①，它们在自然手语中有自己的表达特点。原因之二是自然手语中这两种趋向动词往往是相同的手势，加上聋生缺乏专门的语言学习支持系统，这可能导致聋生在写汉语句子时误认为它们可以彼此替代，从而产生混淆的偏误。例42中的"进"应改为"进去"，表示主语当时的立足点在"理发店"外，从外向室内移动。例45中"发往""前往"的手势相同，都和"去/去往"相似（见图6.1）。但"发往"的主语往往是"火车"，"前往"的主语多为"人们"。由于连动句中两个动词短语应为同一个主语，所以根据上文"我们坐火车"，例45用"前往"比较恰当。

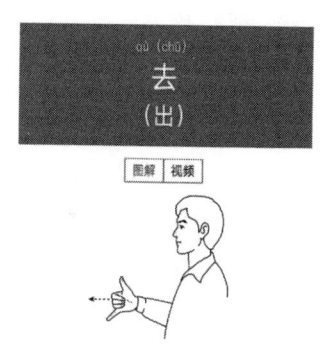

图6.1　通用手语"去（出）"②

聋生容易将单个趋向动词和复合趋向动词混淆使用。连动句式中一类为V1是"来"或"去"，还有一类为V1是"进去""过去"等复合趋向动词，二者在表义上的区别，对聋生而言是学习难点。对比来看，单个"来""去"都有实际动作，如"你去找他吧"③。复合趋向动词往往有空间位置的移动，如"我过去拉了他一

---

① 中国残疾人联合会，中国聋人协会，国家手语和盲文研究中心. 国家通用手语词典：全四册[M]. 北京：华夏出版社，2019：1139-1148.

② 此图取自"国家通用手语词典"App。

③ 范晓. 汉语的句子类型[M]. 太原：书海出版社，1998：68-78.

把""你进去看看"。如果有明确的位置移动，往往用复合趋向动词更恰当。

其次，自然手语空间指点手势和类标记结构会对聋生汉语书面语表达产生影响。指点手势，是指聋生在描述现场存在的人或者事物时，不使用某个手势符号来表示，而是直接用手指将其指出，最常见的是伸出食指做出指点动作。① 根据语境和表达需要，指点手势表示的语义可以是不同的。自然手语中的指点手势可以表示汉语中的人称代词、指示代词、物主代词等。② 依赖自然手语较多的聋生，因其语言载体和思维方式的不同，导致了其手语中量词、代词、动词和虚词的省略。③ 自然手语中如果主语是第一人称，在表达时习惯将"我"的手势直接省略。

聋生连动句偏误占比最高的是主语残缺，共 82 处（21.03%）。同时，"手口一般""手口均差"学生句子成分偏误率最高的都是主语偏误，"手语优势"学生在主语偏误上占比也较多。

例 18 陈老师叫我去拿书，【 】拿好了书走进图书馆。（我）

例 18 中，划线句子应补上主语"我"，因为在汉语语法规则中，当两个分句的主语不一致时，这两个主语都不能省略。类似例 18 偏误的原因可能是一方面聋生对汉语语法规则不熟悉，尤其是"手口一般""手口均差""手语优势"聋生相对于口语较好的聋生，可能更缺乏相关的知识；另一方面聋生受到手语表达习惯的影响。自然手语表达中常常省略主语。手语具有较高情境化的特征，周围的人、物、事情都可用指点的方式表达，名词、代词都可省略。④ 口语好的聋生的语言表达习惯更接近健听人，省略主语的情况相对较少。而口语不太好的聋生会受到手语的影响，产生主语残缺的偏误。

此外，自然手语中"地""着"等助词常被省略，这一点和汉语书面语差异较大。如例 62、例 63，可以明显感受到一个连动句在自然手语中能做到非常"简洁"（见图 6.2、图 6.3）。

---

① 高彦怡. 听障学生汉语书面语偏误研究 [D]. 长春：吉林大学，2018：79-114.
② 刘鸿宇. 类型学视角下的手语代词系统研究 [J]. 中国特殊教育，2013（5）：21-25.
③ 许保生，傅敏. 聋人文化视角下手语的省略现象及其语言学分析 [J]. 残疾人研究，2015（1）：31.
④ 刘卿，赵晓驰. 聋人手语会话"省略"特征及对聋人汉语教学的启示 [J]. 现代特殊教育，2023（4）：46-53.

例 62　手握水壶往杯子里倒水。

手语：/ 握（水壶）杯子 / 握（水壶）倒水杯子 /

例 63　那只狗趴在地上往上看。

手语：[指点 / 狗] / 趴着 / 抬头看

图 6.2　手语表达——例 62[①]

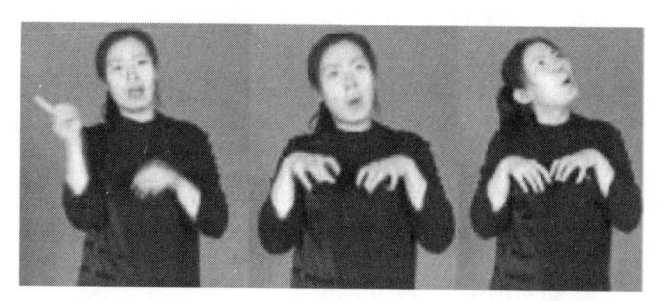

[指点 / 狗]　　　趴着往上看　　　那只狗趴在地上往上看

图 6.3　手语表达——例 63[②]

再次，手语中某些名词和动词的手势是一样的，称作"名动同形"。类似地，名词和名词做宾语的动宾短语的手势也是一样的，如花—开花、饺子—包饺子等[③]。例 11 中的"过山车—玩过山车"，例 26 中的"墩布—墩 / 擦地"也是如此，可能受此影响，动宾短语中的动词或者做宾语的名词就被省略了，造成了连动句

---

① 中国残疾人联合会，中国聋人协会，国家手语和盲文研究中心. 国家通用手语词典：全四册 [M]. 北京：华夏出版社，2019：1139-1148.
② 吕会华. 中国手语中的"指点"手势研究 [J]. 绥化学院学报，2017，37（7）：8-13.
③ 中国残疾人联合会，中国聋人协会，国家手语和盲文研究中心. 国家通用手语词典：全四册 [M]. 北京：华夏出版社，2019：1139-1148.

述语成分、宾语成分的遗漏。聋生连动句述语残缺的偏误共 62 处（15.90%）、宾语残缺的偏误共 40 处（10.26%）。

例 11　我们去【　】过山车。（玩）

例 26　【　】到了衣帽间先拿【　】擦地。（我，墩布）

总之，手语和汉语书面语之间的表达差异，对聋生出现连动句成分残缺、词语误用、错序等偏误有显著影响。

第 5 节　教学建议

一、教学顺序从易到难，同时考虑偏误特点

前面提到，由于连动句本身的复杂性，连动句中前后动词短语之间的语义关系并不局限于前后动作先后发生、前一动作是后一动作的方式等单一语义关系，相当一部分连动句存在多种语义关系，且以两种语义关系并存的情况居多[1]。加上聋生对连动句各个组成部分之间关系的理解模糊不清，对连动句的使用特点缺乏认识，因此造成了连动句的偏误。

在教学顺序上，本研究建议参考《国际中文教育中文水平等级标准》中有关连动句的分级标准（表 6.9），先教典型的连动句，再教非典型的连动句。典型的连动句是指"动词结构之间有时间先后关系，并且对应客观世界中事件发生的先后，两个动词结构可以放进'先……后……''……之后……'的框架中去理解"[2]，如"老师穿上大衣出去"。非典型的连动句是指除了 V1、V2 时间先后关系之外的其他语义类型的连动句，包括目的关系、因果关系、正反关系等，如"他指着画像说"。最后，再教连动句套兼语结构、连动句与"把"字句兼用的"融合式"连动句，因为这些内容学习难度更大，因此建议放在最后。

对于每一种连动句句式，还可以进行分层和分级。例如，V1 为"来/去"等

---

[1] 吴煜. 连动句中连动项之间的语义关系分析 [J]. 汉字文化，2021（12）：16-17.

[2] 吴冬梅. 现代汉语连动句研究及其认知语用解释 [D]. 南昌：南昌大学，2021：48.

趋向动词的连动句句式，大致可以分成三类构式义，即"位移—目的""方式—目的"以及"意愿—任务"。①建议先教前两类，因为内容较为简单，是初级阶段内容，最后讲解"意愿—任务"类，因为此时"来/去"表示想要做某事，没有了实际的位移的意义，含义已经虚化。教学要循序渐进，避免因一次讲解类型过多而增大记忆难度。

　　例64　我来银行换钱。（位移—目的）

　　例65　她坐飞机来上海。（方式—目的）

　　例66　我去帮帮他。（意愿—任务）

　　建议在聋生易错的细节处放慢教学速度。例如，对于"来/去"式和"V1+着+V2"式的连动句的区别，实际上，后者表示前一动作一直持续，是后面动作的伴随状态，可以借助时间轴进行讲解分析②。还有一些其他需要注意的细节，比如带有动态助词"着""了""过"的连动句，助词容易缺漏、误代。教师要根据学生语法点的使用习惯，了解学生的兴趣和日常生活，提炼典型场景，在典型语境的催化加成中，帮助学生潜移默化地掌握语言点③。在讲解表示先后关系的连动句时，适当加入对带助词的容易出错的句式的讲解。例如，"燕子妈妈笑笑说"和"燕子妈妈笑着说"，虽然都有"笑"和"说"这一对连动词，但前者更多表达"先后"，先发生了"笑"，后发生了"说"；后者是方式的语义关系，"笑"是"说"时的状态④。同时，要注意多角度（语法、语义、语用三个角度）讲解连动句，应充分运用情境法，模拟真实交际情境，把运用连动句进行日常交际作为重心，增强学生的语感⑤。

　　总之，建议教学时，综合考虑聋生的连动句偏误情况，增加有针对性的相关练习，针对学习阶段和句式难度进行有目的的教学。同时，建议设计趣味性问题，习题设置应考虑学生的实际生活。

----

① 刘婷.'构式-语块'理论下"来/去"式连谓句的对外汉语教学研究[D].乌鲁木齐：新疆大学，2021：25.
② 赵梓旭.泰国初中级汉语学习者连动句习得研究[D].重庆：西南大学，2021：37.
③ 杜一颖.基于"三一语法"的对外汉语连动句教学设计[D].安阳：安阳师范学院，2023：47.
④ 徐瑞霞.汉语综合教材连谓句的考察与分析——以《中文听说读写》与《博雅汉语》为例[D].西安：西安外国语大学，2022：61-66.
⑤ 孙超.中文连动句识别及连动句语义关系识别研究与实现[D].南京：南京师范大学，2021：39.

二、结合偏误规律，适当对比手语和汉语书面语

本研究发现，聋生出现连动句偏误的一个重要原因是自然手语对聋生汉语书面语表达的负迁移。有研究认为，教师应该有意识地强调自然手语、手势汉语、汉语书面语之间语法、语用、表达方式等的差异，使聋生对汉语书面语的语法特点、表达方式等形成正确的语言认知[1]。

聋生连动句偏误集中在成分残缺，以及动词、助词、方位名词、介词的使用上。其中，动词是需要格外关注的。连动句中一般有两个动词短语，需要确认V1、V2是由哪些谓词性成分充当的，是动宾短语、动补短语、单个动词、动词+着、动词的重叠式，还是光杆动词，或是形容词等[2]。

教师首先应该引导学生识别连动句中的动词和主语，然后再识别动词短语间的语义关系。由于自然手语有省略主语、宾语提前等表达特点，抓住这些主要成分，将连动句的句法结构细化，将句子的主语、两个动词、两个宾语都拆分开，对手语向汉语书面语转化时容易出错的地方加以详细解释，有助于降低聋生理解的难度，同时也有助于聋生区辨连动句与其他句式，如兼语句。兼语句和连动句最大的区别是连动句陈述的是同一个主语。[3]当聋生补上动词的主语时，就能很容易发现两个动词短语描述的主语是否一致，若不一致，那就可能需要更换适合的动词（如例45中的"发往"和"前往"）。同时，也要加强词汇辨析教学[4]。

手语是一种视觉语言。在手语教学中要突出方向、位置、运动、表情、体态等的语法功能，引导聋生时刻关注这些参数，在双语转换时要有意识地从空间多向思维向时间线性思维转换，从具体直观思维方式向抽象逻辑思维方式过渡。[5]

综上所述，手语句法有充分利用空间的独特表达方式，显示出手语句法同时性的特点，与有声语言存在较大差异[6]，加上连动句的结构特殊、语义复杂，教师

---

[1] 高彦怡.听障学生汉语书面语偏误研究[D].长春：吉林大学，2018：79-114.
[2] 罗静.对外汉语初级教材中连动句的编排研究[D].黄石：湖南师范大学，2018：12.
[3] 王亚楠.基于HSK动态作文语料库连动句的偏误分析[J].汉字文化，2023（20）：14-16.
[4] 张婷婷.老挝留学生汉语连谓句偏误分析[D].昆明：云南大学，2022：43.
[5] 刘卿，赵晓驰.聋人手语会话"省略"特征及对聋人汉语教学的启示[J].现代特殊教育，2023（4）：46-53.
[6] 吕会华.中国手语和汉语句法比较——以两类简单句和关系从句为例[J].北京联合大学学报，2017，31（1）：19-24.

在教授聋生的时候，应该结合不同类型学生的情况，适当采用将手语与汉语书面语对比的方法，化难为易、化繁为简，减少母语负迁移的干扰，用简单明了的语言概括连动句规律性的偏误问题，帮助聋生尤其是较多依赖手语的聋生更好地掌握连动句书面语表达。

第七章 聋生"是……的"句（二）偏误分析*

第1节 引言

学者大多将"是……的"句分为两类，一类表示过去时，强调动作的时间、处所、方式等；另一类表示肯定或确信的语气，多表示说话人的看法、见解和态度，可用于过去时，也可以用于将来时。由此，形成了学界所说的"是……的"句（一）和"是……的"句（二）。代表学者有吕必松（1982）[1]，刘月华、潘文娱、故韡（2001）[2]，张宝林（2006）[3]，谢福（2010）[4]等。

"是……的"句（二）作为汉语常用句式之一，聋生使用此句式时极易出错。该句式大多用来表示说话人对主语进行评价、叙述，语气肯定，口气委婉缓和，有说理的意味，目的是要人相信。[5]"是……的"句（二）中"是"和"的"作为一种框架、一种标记，可以整体出现，也可以整体消失，消失后句子仍然完整。

对"是……的"句习得的相关研究，多来自对外汉语教学领域，先后有多位学者对"是……的"句进行研究。研究发现，"是……的"句高度依赖语境，若不能掌握句子的发话背景和意图等，就会影响偏误类型的具体判断[6]。张宝林

---

* 本文部分内容已发表。陈甜天，王玉玲. 基于语料库的聋生"是……的"句（二）偏误分析 [J]. 中国听力语言康复科学杂志，2024，22（4）：379-382.

[1] 吕必松. 关于"是……的"结构的几个问题 [J]. 语言教学与研究，1982（4）：21-37.
[2] 刘月华，潘文娱，故韡. 实用现代汉语语法（增订本）[M]. 北京：商务印书馆，2001：762-775.
[3] 张宝林. 汉语教学参考语法 [M]. 北京：北京大学出版社，2006：228-235.
[4] 谢福. 基于语料库的留学生"是……的"句习得研究 [J]. 语言教学与研究，2010（2）：17-24.
[5] 刘月华，潘文娱，故韡. 实用现代汉语语法（增订本）[M]. 北京：商务印书馆，2001：762-775.
[6] 张轶欧. "是……的"句习得偏误调查与教学策略——以日语为母语的中高级学习者为中心 [J]. 海外华文教育，2020（04）：43-50.

（2006）[①]认为，"是……的"句解决歧义的理论依据是语境，把每个句子放在语境中去考虑，这样就不会产生歧义。

刘月华、潘文娱、故韡（2001）从句法上分析了"是……的"句（二）的结构特点，其中间是动词或形容词谓语，常见的动词谓语多为"能愿动词+动词"或"动词+可能补语"，形容词谓语多为形容词短语。

方梅（1995）[②]、袁毓林（2003）[③]、王文颖（2018）[④]等对"是……的"句进行了语用方面的研究。王文颖认为"是……的"句中的焦点有两种类型，一种是位于"是"之后的单个成分；另一种是位于"是……的"句中间的整个谓语。

对于"是……的"句（二）的偏误研究，对外汉语教学领域已有相关成果可供参考。在偏误类型方面，刘新（2016）[⑤]将偏误分为遗漏、误用、杂糅、位置偏误四类。林燕（2021）[⑥]将偏误分为遗漏（包括遗漏"是""的""是和的"三种情况）、错序、误代，语篇、语用、否定形式偏误等类型。在偏误原因分析方面，林燕（2021）[⑦]总结句式偏误原因包括句式本身的复杂性、本体研究不足、母语负迁移、目的语规则泛化、认知策略、学习策略、教学误导、语用因素、教师个人素质、教材编写、学习环境的影响，以及情感因素对学习者的影响等。在教学建议方面，李涵之（2022）[⑧]发现大部分汉语教材讲解全面的是"是……的"句（一）的部分，关于"是……的"句（二）的语法点讲解很少，建议教材做适当补充。谢丹（2022）[⑨]建议发挥外国学生的母语优势，注重对比；提升教材针对性，优化教材配置。

在中国知网中以"语料库""特殊句式/语法偏误""听障学生/聋生"为关键词进行搜索，仅得到相关文献10余篇，其中只有1篇关于聋生"是……的"句

---

① 张宝林.汉语教学参考语法[M].北京：北京大学出版社，2006：235-237.
② 方梅.汉语对比焦点的句法表现手段[J].中国语文，1995（4）：279-288.
③ 袁毓林.从焦点理论看句尾"的"的句法语义功能[J].中国语文，2003（1）：3-16+95.
④ 王文颖."是……的"句的两种焦点结构[J].语言教学与研究，2018（5）：43-54.
⑤ 刘新.强调义"是……的"结构研究及偏误分析[D].石家庄：河北师范大学，2016：48-53.
⑥ 林燕."是……的"句的本体和二语习得研究[D].南京：南京师范大学，2021.
⑦ 林燕."是……的"句的本体和二语习得研究[D].南京：南京师范大学，2021.
⑧ 李涵之.马达加斯加汉语学习者"是……的"句式习得研究[D].兰州：西北师范大学，2022：32-34.
⑨ 谢丹.日本留学生习得汉语"是……的"句式偏误研究[D].南昌：南昌大学，2022：51-54.

的相关研究。张帆（2019）[①]曾对聋生"是……的"句的句法意识进行了实验研究，发现聋生在汉语书面语语法意识发展上有显著的个体差异；和中轻度聋生相比，重度聋生对"是……的"句的语法意识比较弱。目前尚查不到基于语料库的聋生"是……的"句习得或偏误研究的相关成果。此外，听障学生汉语言学习方面的相关文献，给本研究以一定的启发，如王玉玲（2018）[②]、高彦怡（2018）[③]、吕会华（2023）[④]等人的研究。

本研究基于自建的义务教育阶段聋生汉语中介语语料库，对北京市义务教育阶段聋生自然产出的汉语语料进行收集、标注、统计与分析，分析义务教育阶段聋生"是……的"句（二）的偏误类型、分布及原因，以期为今后聋校的语言教学及学习材料的编写提供依据和参考。

第2节 聋生"是……的"句（二）的偏误类型

一、总体情况

本语料库对聋生汉语特殊句式进行了人工标注，共得到"是……的"句284例，剔除"是……的"句（一）、重复的句子、标注错误的句子，最终得到"是……的"句（二）正确句67句，偏误句77句，正确率为46.53%。

需要说明的是，对于偏误语料的判断，本研究的主要参考依据是刘月华等（2001）对"是……的"句使用规律的归纳与总结，以及上下文语境。标注中，面对不确定的情况，研究者会找学生当面询问，避免主观臆断。同时，为保证语料的真实性，本研究尽可能保持语料的本来面貌，只改错别字，其他偏误不予处理。

研究发现，整体上，聋生"是……的"句（二）偏误分为三类，各偏误类

[①] 张帆.认知视角下聋人学生汉语习得与教学研究[M].杭州：浙江大学出版社，2019：128-144.
[②] 王玉玲，张宝林，陈甜天，等.高中听障学生汉语语法偏误分析——基于语料库的研究[J].中国听力语言康复科学杂志，2018，16（3）：5.
[③] 高彦怡.听障学生汉语书面语偏误研究[D].长春：吉林大学，2018：79-133.
[④] 吕会华，李晗静，房艳红.聋人汉语书面语研究：以语料库为基础[M].北京：华夏出版社，2023：187-219.

型占比从高到低依次为：内部偏误（93.51%）、不该用而用（5.19%）、该用未用（1.30%），详见表7.1。

表7.1 聋生"是……的"句（二）偏误类型分布

一级偏误	二级偏误	数量（句）	比例
该用未用 1/1.30%	该用"是……的"句而用了"是"字句	1	1.30%
不该用而用 4/5.19%	该用形容词谓语句	1	1.30%
	该用一般动词谓语句	3	3.90%
内部偏误 72/93.51%	缺"的"字	23	29.87%
	缺"是"字	26	33.77%
	错序	4	5.19%
	成分残缺	11	14.29%
	词语误用	8	10.39%
	合计	77	100%

二、聋生"是……的"句（二）偏误类型

（一）该用未用

"该用未用"指的是该用"是……的"句（二）却使用了其他句式。此类偏误只有1句。

例1 画画是需要耐心的人。

例1该用"是……的"句（二）却用了"是"字句，应去掉最后的"人"，改为"画画是需要耐心的"。

（二）不该用而用

"不该用而用"指的是不该用"是……的"句（二）而使用了该句式。此类偏误只有4句。其下位类型有两类：第一，该用形容词谓语句而误用为"是……的"句（二），如例2；第二，该用一般动词谓语句而误用为"是……的"句（二），如例3。

例2 古代的衣服是多么麻烦的！长长的大裙子，复杂的穿几件呀。

例3 老师给我讲特别详细，我写【】都是【】马虎的【】。（得，太，了）

例2应为"古代的衣服多么麻烦"，这里应使用形容词谓语句，"多么"作为副词，用于感叹句，表示程度很高，因此不应使用"是……的"句（二）。例3中，学生想描述过去发生的一个事实，即"通过老师详细的讲解，我明白了一件事：我写得太马虎了"，这里不该用"是……的"句（二），而用一般动词谓语句即可。

（三）内部偏误

"内部偏误"是指在可以使用"是……的"句（二）的情况下使用了该句式，但句中存在种种不当之处。此类偏误共72句，分为五个下位类型：缺"的"字、缺"是"字、错序、成分残缺、词语误用。

1. 缺"的"字

缺"的"字的此类偏误共23句，又分为3种下位类型，分别是只缺"的"字（10/12.99%）、"了"和"的"混淆（4/5.19%）、缺"的"字的同时其他词语不当（9/11.69%），见表7.2。

表7.2 缺"的"字偏误类型分布

一级分类	二级分类	数量	比例
缺"的"字	只缺"的"字	10	12.99%
	"了"和"的"混淆	4	5.19%
	缺"的"字的同时其他词语不当（词多、词缺）	9	11.69%

例4 外号真是会影响我和同学之间的关系【】。（的）

例5 边拿着边下山，够累【】呀。（的）

例6 这件事是会造成大事了【】。（的）

例7 （我）内心都是很难受【】。（的）

例8 我爸马上知道之后一定会找我这儿教育一下而已【】。（的）

例4若在某种语境下单独出现，可算正确句，但在上下文语境中学生有主观强调之意，因此"的"字不能省略。例5表达一种主观判断，在"呀"之前应加"的"字，改为"够累的呀"。

"是……的"句（二）在有"是"的情况下，不能单独省略"的"，因此例6在句尾应加上"的"，同时去掉"了"。"了"表示变化已经发生，但说话者的原意只是强调这件事情可能带来严重后果，并且语境中未有变化之意。同样，例7在句尾应加上"的"，并去掉多余的副词"都"。

例8也有主观强调之意（个人主观看法），因此句尾的"的"不能省略，同时还要去掉多余的助词"而已"、代词"这儿"，"马上"的位置也要调整，改为"我爸知道之后一定会马上找到我教育一下的"。

2. 缺"是"字

聋生"是……的"句（二）偏误最多的是缺"是"字的类型。此类偏误共26句，有两个下位类型，包括只缺"是"字（15/19.48%）、缺"是"字的同时词语不当（11/14.28%），详见表7.3。

表7.3 缺"是"字偏误类型分布

一级分类	二级分类	三级分类	数量	比例
缺"是"字	只缺"是"字	——	15	19.48%
	缺"是"字的同时词语不当	副词不当	5	6.49%
		其他词语不当	6	7.79%

例9　不添麻烦【　】最好的，我真想得疯了。（是）

例10　虽然背《长恨歌》是一个很无聊，但对将来【　】有用处的。（是）

例11　校长几乎【　】很开心的。（是）

例12　说实话，【　】和陈XX【　】经历【　】一样的。（我，是）

已有研究发现，"是……的"句（二）中没有"是"字的情况并不都是偏误，某些情况下可以省略"是"，但省略是有条件的：当"最+形容词/动词结构"进入"是……的"句（二）时，"是"绝对不可以省略；当单个形容词进入"是……的"句（二）时，倾向于保留"是"[1]。当在"是"之前有副词修饰或状语和动词加长时，"是"均不可省略[2]。

---

[1] 易平平．"是……的"结构中"是""的"隐现考察[D]．北京：北京语言大学，2008．
[2] 苏文娟．基于HSK动态作文语料库的"是……的"句（一）偏误研究[D]．北京：北京语言大学，2010．

只缺"是"字的偏误共15句。例9有"最+形容词"结构，因此，绝对不可以省略"是"，应改为"不添麻烦是最好的"。例10在"是"之前有状语"对将来"，当在"是"之前有状语修饰时，不可省略"是"，所以改为"但对将来是有用处的"。

缺"是"字的同时存在用词不当的偏误共11句，其中副词不当的偏误最多，共有5句。单独看例11，去掉"几乎"一词可以成为正确的"是……的"句（二），但是联系上下文，这里有推测的含义，"几乎"应改为"似乎"。例12中"一样"是单个形容词，应改为"我和陈XX的经历是一样的"。

3. 错序

错序是指句中有"是……的"结构，但是句中的词语顺序有误。此类偏误共4句，其中肯定句中错序偏误3句（3.90%），否定句中错序偏误1句（1.30%），见表7.4。

表7.4　错序偏误类型分布

一级分类	二级分类	数量	比例
错序	肯定句中错序	3	3.90%
	否定句中错序	1	1.30%

例13　爱不【是】金钱来买的。

例14　【是】从英国进口毒品发生的事我知道的。

例15　爱是需要【的】勇气。

例13是否定形式。在"是……的"句（二）中，否定词放在"是"之后。[①] 这句应改为"爱是金钱买不来的（即爱是无价的）"，和下一句"爱是无私的"并列，表达了对爱的"无价""无私"两个特点的看法，前后句式相仿，语意连贯。例13不仅"是"的位置有误，而且做补语的趋向动词的位置也有误（买不来）。

例14和例15是肯定句。例14在"是"的位置有误的同时，存在其他偏误（主语成分中"发生"一词赘余），这句应为"从英国进口毒品的事我是知道的"。例

---

① 刘月华，潘文娱，故韡. 实用现代汉语语法（增订本）[M]. 北京：商务印书馆，2001：764–766.

15 中"的"的位置有误,应为"爱是需要勇气的"。

4. 成分残缺

"成分残缺"是指句中有"是……的"结构,其本身没有问题,但句中存在成分残缺的情况。此类偏误共 11 句,有三个下位类型,偏误率从高到低分别是主语残缺(6/7.79%)、状语残缺(4/5.19%)、补语残缺(1/1.30%),见表 7.5。

表 7.5 成分残缺偏误类型分布

一级分类	二级分类	三级分类	数量	比例
成分残缺	主语残缺	——	6	7.79%
	状语残缺	程度副词做状语时残缺	1	1.30%
		能愿动词"会"做状语时残缺	2	2.60%
		双重否定缺状语"不"	1	1.30%
	补语残缺	——	1	1.30%

例 16 老师放心吧,【 】可以控制自己的。(我)

例 17 年纪小,骑自行车时还是不行的。

例 18 因为这一年这么短的,也有时工作是【 】闲的。(很)

例 19 早晚会留下(病根),下一年一定【 】再发病的。(会)

例 20 我在北京虽安全,但是交通不一定【 】会出事的。(不)

例 21 如果家里没人,或者去玩几天,锁一定会固定【 】的。(好)

例 16 为主语残缺,应补上代词"我"做主语,改为"老师放心吧,我可以控制自己的";例 17 为主语残缺,应调整名词"时"的语序或者去掉"时",改为"年纪小时骑自行车还是不行的"或"年纪小骑自行车还是不行的"。

状语残缺包括做状语的副词和能愿动词残缺两种情况。例 18 在"闲"之前应加上副词"很"做状语,同时调整副词"也"的位置,改为"有时工作也是很闲的"。例 19 应补上能愿动词"会"做状语,改为"下一年一定会再发病的"。例 20 是双重否定中缺少了状语"不",应为"但是交通(方面/上)不一定不会出事的"。

例 21 为补语残缺,应加上补语"好",改为"锁一定会锁好的"。

5. 词语误用

词语误用是指非"是……的"句（二）句式结构的错误，主要是用词不当造成的偏误。此类偏误共8句，有三个下位类型，偏误率从高到低依次是副词不当（4/5.19%）、形容词不当（2/2.60%）、动词不当（2/2.60%），见表7.6。

表7.6　词语误用偏误类型分布

一级分类	二级分类	数量	比例
词语误用	副词不当	4	5.19%
	形容词不当	2	2.60%
	动词不当	2	2.60%

例22　珍惜是**珍贵**的。（可贵）

例23　我感觉有点凉，晚上也会**还**凉的。（更）

例24　还有发生第一次鸦片大战、第二次鸦片大战，我**又**知道的。（也）

例25　说不定，防狼喷雾以后**一定**会有的。（也许）

例26　她会开玩笑的，与我们有时会**有**的。（开）

词语误用主要是学生混淆近义词造成的。例22，"珍贵"与"可贵"混淆，应为"珍惜是可贵的"。例23，"也"与"还"混淆，"还"改成"更"，应为"我感觉有点凉，晚上还会更凉的"。例24，"又"与"也"混淆，应为"我也知道的"。例25，"一定"与"也许"混淆，应为"防狼喷雾以后也许会有的"。例26，"有"改为"开"，应为"和我们有时也会开的"。

第3节　聋生"是……的"句（二）的偏误分布

一、不同学段聋生的"是……的"句（二）偏误统计与分析

如表7.7所示，三～九年级聋生"是……的"句（二）的平均输出率为0.0599%。九年级聋生的输出率最高（0.1104%），是其他年级聋生的数倍；其次是八年级、七年级聋生，三～六年级聋生的输出率最低。

各学段聋生"是……的"句（二）的平均偏误率为53.47%。其中，九年级聋生的偏误率最高（61.45%），其次是三～六年级、七年级聋生，八年级聋生的偏误率最低（39.29%）。

总之，三～九年级聋生该句式的输出率逐级增加，但偏误率较高。

表7.7 各学段聋生"是……的"句（二）偏误分析

年级	偏误句	正确句	输出频次	偏误率（%）	输出率（%）
三～六年级（字数48817）	5	5	10	50.00	0.0205
七年级（字数65064）	10	13	23	43.48	0.0353
八年级（字数51393）	11	17	28	39.29	0.0545
九年级（字数75176）	51	32	83	61.45	0.1104
合计（平均比例）	77	67	144	53.47	0.0599

注：输出频次＝正确句＋偏误句；输出率＝各学段输出频次／各学段语料字数

二、不同语言类型聋生的"是……的"句（二）偏误差异分析

本研究采用三角验证法对手语和口语中哪个语言为聋生的相对优势语言进行判断，将聋生分为"手口均优""手口均差""手口一般""手语优势""口语优势"五种类型。

从表7.8可见，各语言类型聋生"是……的"句（二）的输出率从高到低依次为："手语优势""手口均优""手口一般""口语优势""手口均差"。聋生"是……的"句（二）的平均输出率为0.0547%，"手语优势"聋生的输出率最高（0.0825%），"手口均差"聋生的输出率为零，"手口一般"与"手口均优"聋生的输出句数少于或等于10句。

各语言类型聋生"是……的"句（二）的偏误率从高到低依次为："手语优势""口语优势""手口均优""手口一般"。由于"手口均差"聋生的输出率为零，因此不将其列入偏误率排序中。

表 7.8　各语言类型聋生"是……的"句（二）偏误分析

语言类型	偏误句	正确句	输出频次	偏误率（%）	输出率（%）
手语优势（字数 118808）	59	39	98	60.20	0.0825
口语优势（字数 82125）	12	16	28	42.86	0.0341
手口均优（字数 24501）	4	6	10	40.00	0.0408
手口均差（字数 16514）	0	0	0	——	——
手口一般（字数 21222）	2	6	8	25.00	0.0377
合计	77	67	144	53.47	0.0547

注：输出频次 = 正确句 + 偏误句；输出率 = 各语言类型输出频次 / 各语言类型语料字数

由此可见，"手语优势"聋生的输出率和偏误率均高于"口语优势"聋生，"手口均差"聋生的输出率最低。

进一步分析，"是……的"句（二）中"手语优势"聋生偏误率最高的是"是"字缺失的类型，"口语优势"聋生则是"的"字缺失的类型；在"该用未用""不该用而用"和"错序"类型上，"口语优势"聋生是零偏误，而"手语优势"聋生则在所有偏误类型上都有偏误，如表 7.9 所示。

表 7.9　"手语优势"和"口语优势"聋生偏误类型对比

语言类型	该用未用	不该用而用	内部偏误					合计
			缺"的"字	缺"是"字	错序	成分残缺	词语误用	
手语优势	1	4	14	20	4	9	7	59
	1.69%	6.78%	23.73%	33.90%	6.78%	15.25%	11.86%	100%
口语优势	0	0	6	3	0	2	1	12
	0.00%	0.00%	50.00%	25.00%	0.00%	16.67%	8.33%	100%

由于数量较少，上述结果存在着一定的偶然性。

第4节 聋生"是……的"句(二)的偏误原因

一、听力障碍、教学不足对聋生汉语句式习得有重大影响

同龄健听学生"是……的"句(二)的偏误率极少,而聋生的偏误率不但远远高于同龄健听学生,还远远高于学习汉语时间短于自己的外国学生。根据全球汉语中介语语料库中外国学生"是……的"句(二)的偏误数据,与本研究中聋生"是……的"句(二)的偏误数据进行比较(见表7.10),两者在输出率和偏误率上的差距都非常显著。聋生不仅输出率明显偏低,且偏误率明显较高。对于"是……的"句(二),外国留学生学习起来特别困难[1],但是聋生更为困难。

表7.10 聋生和外国学生"是……的"句(二)偏误分析[2]

	输出率(%)	偏误率(%)
三~九年级聋生	0.0599	53.47
九年级聋生	0.1104	61.45
外国学生	6.23	28.11

对于"是……的"句(二),九年级聋生的输出率最高,偏误率也最高。这说明在缺少专门的语言课程支持下,受听力障碍影响,聋生虽然能够自己习得"是……的"句(二)的部分知识,但速度较慢、错误较多、效率较低,这种状况与聋生的听力补偿情况密切相关。"手口均优"与"口语优势"聋生的听力补偿情况较好,接近健听学生,其"是……的"句(二)的偏误率远低于听力补偿情况较差的"手语优势"聋生。这与张帆的"和既懂手语又懂口语的中轻度聋生(听力

---

[1] 谢福.基于语料库的留学生"是……的"句习得研究[J].语言教学与研究,2010(2):17-24.
[2] 外国学生的语料数据取自全球汉语中介语语料库(2021年5月26日),已标注语料总字数125881018。

损失不高于70dB）相比，重度聋生（听力损失高于70dB）对句尾助词'的'的句法信息加工尤其困难，他们对'是……的'句（二）的句法意识较弱"①这一研究结果相一致。

除此之外，聋生"是……的"句（二）习得水平较差也与聋校汉语特殊句式教学不足有关。虽然有的聋校教师会结合语文教材中出现的特殊句式顺带进行零散的句式教学，但从整体上看，大多数聋校没有专门的汉语特殊句式方面的学习安排，没有系统性的专题讲解和针对性的练习设计。

二、"是……的"句（二）的句法和功能表达掌握难度较大，影响聋生的习得水平

三年级聋生就有"是……的"句（二）的输出，三～六年级聋生的正确率为50%。这在一定程度上说明聋生对于特殊句式中较简单的句型掌握起来相对容易。同时，聋生在"内部偏误"上的偏误比例最高（93.51%），说明绝大多数情况下，聋生有使用"是……的"句（二）的意识，但缺少"是……的"句（二）的相关知识。

聋生"是……的"句（二）的偏误率较高也和该句式本身的复杂性有关。"是……的"句（二）比较复杂，涉及的问题较多。②"是……的"句（二）容易和"是……的"句（一），以及"是"+"的"字短语、做谓语的"是"字句混淆，这也是该句式习得的难点所在。③比如，聋生容易将该句式与"是"字句混淆。"是"字句在某些情况下也表示强调，但它和"是……的"句（二）在表达功能上差别明显。一般而言，"是"字句在表示强调时，上文中一定存在着其他相关评价，须有后续句来支撑，单独是站不住的，如"这地方是很大，可是不实用"。"是"字句表示强调，适用于附和场景或委婉表示和他人不同看法的场景。"是……的"句（二）表示强调时不需要上文强制出现，可以是首次提出看法，适用于评价场景，体现评价者本身的意愿、态度，其相关的动词，如"愿意""赞成"等是不可或缺

---

① 张帆. 认知视角下聋人学生汉语习得与教学研究[M]. 杭州：浙江大学出版社，2019：128-144.
② 张和友. "是"字结构的句法语义研究——汉语语义性特点的一个视角[M]. 北京：北京大学出版社，2012：91-170.
③ 张宝林. "是……的"句的歧义现象分析[J]. 世界汉语教学，1994（1）：15-21.

的。[①]高年级聋生积累的句式比其他年级的多，句式混淆的可能性更高，如果对"是……的"句（二）的功能表达缺乏精准把握，则更容易出现偏误。

三、手语并不直接决定聋生"是……的"句（二）的习得水平，但会影响其习得特点

以往研究多认为，聋生出现汉语书面语偏误的主要原因在于手语的负迁移，如高彦怡（2018）[②]所述。本研究发现，手语不决定聋生汉语书面语的习得水平，但会影响其习得特点。"手口均优"聋生"是……的"句（二）的输出率高于"口语优势"聋生，偏误率低于"口语优势"聋生，说明"手口均优"聋生并未受到手语的干扰。同时，"手语优势"聋生的表现远远高于"手口均差"聋生（输出率为零）。说明没有稳定的第一语言的聋生，难以在此基础上学习类似第二语言的汉语书面语。这种情况还可能与该句式对思维发展程度要求较高有关。"是……的"句（二）的语法功能是表示说话人对主语的评议、叙述与描写，往往带有一种说明情况、阐述道理、想使听话人接受或信服的肯定语气[③]，需要有一定的思维能力支撑。而语言和思维之间是有关系的，既相互影响、相互依存、相互制约，又保持各自部分独立[④]。因此，"手口均差"聋生的输出率为零，而"手语优势"聋生的输出率最高，这可能说明手语作为一种语言，能够促进聋生思维能力的发展，让他们产生主观评议的意愿，并更乐于使用该句式。

不过，手语对聋生汉语句式的习得会产生一定影响。例如，缺少程度副词的偏误可能与手语的"非手控"特征有关，即手语中程度副词往往表现为手势的幅度、停顿以及身体姿态、脸部表情等[⑤]，聋生在转化为汉语书面语时，就容易遗漏。又如，"手语优势"聋生偏误最多的是缺"是"字的偏误，这可能是受到手语的影响，因为"自然手语表达中习惯将'是'的手势省略掉，因为将其省略也不会影响

[①] 吕玉仙.基于语料库的"是……的"句偏误分析及教学策略[J].汉字文化，2023（5）：155-159.
[②] 高彦怡.听障学生汉语书面语偏误研究[D].长春：吉林大学，2018：79-133.
[③] 刘月华，潘文娱，故韡.实用现代汉语语法（增订本）[M].北京：商务印书馆，2001：762-775.
[④] 吴进善.维果茨基的语言与思维关系理论解读[J].西北民族大学学报（哲学社会科学版），2016（2）：124-130.
[⑤] 张帆.聋生程度副词"很"使用偏误的句法分析[J].现代特殊教育，2015（16）：30-33.

句义的表达"[1]。"口语优势"聋生偏误最多的是缺"的"字的偏误,外国学生偏误最多的也是缺"的"字的偏误[2]。"口语优势"聋生和外国学生的共同点是有听力,有口语,二者在偏误类型上的一致以及和"手语优势"聋生的差异,有可能源于听力环境差异或者是否受到手语的影响,也有可能是两种情况同时发生作用,需要做进一步的研究。

第 5 节　教学建议

一、编写"是……的"句(二)学习材料

目前,聋校并无专门的汉语特殊句式教材。一本好的学习材料,能够准确把握教学的重点和难点,更好地引导学习者习得汉语。[3] 因此,建议编写适合聋生的"是……的"句(二)学习材料。

编写学习材料时可以适当借鉴对外汉语已有的研究成果,如"情景化"教学[4]、强调"是"和"的"的省略问题、加强句式和语用的结合、安排相关练习等[5]。又如,有研究发现,汉语母语者"是……的"句(二)各下位句式的使用率从高到低依次为"是+动词短语+的""是+状+形+的""是+能愿动词+动+的""是+动/形+可能补语+的"[6]。《国际中文教育中文水平等级标准》中"是……的"句的级别情况见表 7.11[7]。"是……的"句(二)适合中高级水平的外

---

[1] 高彦怡.听障学生汉语书面语偏误研究 [D].长春:吉林大学,2018:79-133.
[2] 王芳.基于"HSK 动态作文语料库"的外国学生"是……的"句(二)习得情况分析 [D].北京:北京语言大学,2011:1.
[3] 徐艳华,李连伟,鞠伟伟.基于语料库的韩国留学生兼语句习得研究 [C]// 中文教学现代化学会.第十届中文教学现代化国际研讨会论文集.北京:清华大学出版社,2016:392-396.
[4] 吕玉仙.基于语料库的"是……的"句偏误分析及教学策略 [J].汉字文化,2023(5):155-159.
[5] 杨霄.留学生"是……的"句偏误分析及教学建议 [D].郑州:郑州大学,2020:38-43.
[6] 谢福.基于语料库的留学生"是……的"句习得研究 [J].语言教学与研究,2010(2):17-24.
[7] 中华人民共和国教育部,国家语言文字工作委员会.国际中文教育中文水平等级标准 [S].北京:北京语言大学出版社,2021.

国学生学习。①这些研究在一定程度上为聋生"是……的"句（二）学习材料的编写提供了参考。

表 7.11 《国际中文教育中文水平等级标准》中的"是……的"句

级别	细目	内容	例句
二级	"是……的"句（一）	强调时间、地点、方式、动作者	我是昨天来的。
四级	"是……的"句（二）	强调说话人的看法或态度	这个问题对某些人来说是十分敏感的。

二、针对"是……的"句（二）的特点与难点进行教学

有的聋生将"是……的"句（二）和"是"字句（如例1）、形容词谓语句（如例2）混淆，教学时应加强"是……的"句（二）和其他易混句式的区辨。聋生经常出现类似把"她是爱护书籍的"写成"她是爱护书籍"或"她爱护书籍的"的现象，这说明他们对"是……的"句（二）可能有一定的语法意识，但对"是……的"的语法框架意识还有所欠缺②。针对这一现象，建议强调"是……的"的整体性。

建议教师在教学前先对学生进行水平测试，确定其已基本掌握"是……的"句（一）。在初次介绍"是……的"句（二）的时候，教师可以比较详细地介绍其功能和出现的情景，再从句法结构入手。"是……的"句（二）适用于评价场景，体现评价者本身的意愿、态度，其相关动词，如"愿意""赞成"等是不可或缺的，不能只有单一的机械练习，应该增加更多的情景性练习与教学③。情景设置要确保学生只能用"是……的"句（二）进行回答。④为了避免混淆，尽量先不介绍可能省略"是"的情况。

三、针对不同语言类型的聋生开展个别化教学

不同语言类型的聋生在"是……的"句（二）的偏误上各有其特点，可针对特点开展个别化教学。例如，针对"手语优势"聋生，教学时应充分考虑手语和汉

---

① 谢福.基于语料库的留学生"是……的"句习得研究[J].语言教学与研究，2010（2）：17-24.
② 张帆.认知视角下聋人学生汉语习得与教学研究[M].杭州：浙江大学出版社，2019：128-144.
③ 张宝林.外国人汉语句式习得研究的方法论思考[J].华文教学与研究，2011（2）：26-28.
④ 陆心悦.国际中文教育视角下的"是……的"句分类教学研究[D].沈阳：沈阳师范大学，2023：67.

语书面语的差异，提高聋生手语、汉语相互转化的意识与能力[①]。建议教师在手语、汉语互译中，告诉学生不能将手语直译成汉语书面语并提供示范。可以适当运用对比教学法，引导学生关注手语向汉语书面语转化时特别需要注意的细节。教学应循序渐进、从易到难，并结合学生的实际情况，加大对偏误规律的讲解力度。结合例句讲解"是……的"句（二）的语法知识点，引导聋生感受句式背后隐藏的情感。对于学生的普遍问题，作为重点难点做强化训练。[②]

---

① 王玉玲，李智玲.高中聋生书面汉语理解能力相关因素分析[J].现代特殊教育，2017（16）：16-19.
② 林燕."是……的"句的本体和二语习得研究[D].南京：南京师范大学，2021.

图书在版编目（CIP）数据

基于语料库的聋生汉语特殊句式偏误分析 / 王玉玲，陈甜天，陈凌云著. -- 北京：华夏出版社有限公司，2024.7
ISBN 978-7-5222-0712-4

Ⅰ．①基… Ⅱ．①王… ②陈… ③陈… Ⅲ．①现代汉语－句法－聋哑教育－教学研究 Ⅳ．①G762②H146.3

中国国家版本馆CIP数据核字(2024)第095795号

基于语料库的聋生汉语特殊句式偏误分析

作　　者	王玉玲　陈甜天　陈凌云
责任编辑	王一博
责任印制	顾瑞清

出版发行	华夏出版社有限公司	
经　　销	新华书店	
印　　装	三河市少明印务有限公司	
版　　次	2024年7月北京第1版	2024年7月北京第1次印刷
开　　本	710×1000　　1/16开	
印　　张	12	
字　　数	193千字	
定　　价	59.00元	

华夏出版社有限公司　地址：北京市东直门外香河园北里4号　邮编：100028
网址：www.hxph.com.cn　电话：（010）64663331（转）
若发现本版图书有印装质量问题，请与我社营销中心联系调换。